0～6歳児

「豊かな人間関係をつくる」保育

河合優子

編著

東洋館出版社

まえがき

　日々の保育の中で困ったり悩んだりすることはありますか？ それは、子ども一人ひとりの成長を願い、明日の保育をよりよくしたいという保育者の思いであり、子どもたちにとってうれしいことだと考えます。一方、保育には唯一の方法や正解はありません。保育が一人ひとりの子どもから始まり、子どもたちと保育者の相互作用の中で営まれるからです。「じゃあ、どうしたらいいの？」という声が聞こえてきそうです。本シリーズでは、困ったな、どうしたらいいのだろう、というよくあるギモンや子どもと楽しめる具体的な活動を領域ごとにまとめ、若手の保育者の方にも分かりやすく記載されています。

　また、日々の具体的な保育は理論のもとに行われています。幼稚園、保育所、認定こども園といった幼児教育施設では、環境を通して行う教育を基本とし、幼児の自発的な活動としてのあそびを中心とした生活を通して、子どもたちに生きる力の基礎を培っています。幼児期に必要な体験としての保育内容は5領域で示され、あそびを通しての総合的な指導を通じて子ども一人ひとりの中に一体的に育まれていくよう実践されています。本書は単なるノウハウ本ではなく理論と実践の架け橋になることを目指し、内容が構成されています。

　若手の保育者の方は「明日への一歩」を考えるために、経験を重ねた保育者の方は、本書の内容をきっかけに「こんなこともできそう」「〇〇先生にはこのことが役立つかもしれない」など、これまでの経験を想起されたり、改めて理論と実践を結び付けて確認し発信されたりすることにお役立ていただければ幸いです。

　この本を手に取ってくださった皆様が、子どもたちと一緒にあそびや生活を楽しみ、時には悩み、仲間と一緒に乗り越えながら、子どもも大人もともに育つ保育の醍醐味を味わってくださることを願っています。

2023年2月吉日

編著者一同

知っておきたい「人と関わる力を育てる」保育に関する基礎・基本

　本編に入る前に「人と関わる力を育てる」保育を実現するために知っておきたい基礎的、基本的な理論を確認しておきましょう。

1 幼児教育の基本

① 環境を通して行う

　乳幼児期の教育・保育は生涯にわたる人格形成の基礎を培う重要なものです。幼児教育施設における教育・保育は、それぞれの施設が基づく法律等に示された目的や目標を達成するため、乳幼児期の特性を踏まえ、**環境を通して行う**ものとされています。

　乳幼児期の子どもは、知りたがりやでやってみたがりや。関心をもった物事には自分から近付き、触れ、扱ってみるなど、**能動性を大いに発揮しながら自分の世界を広げ**ていきます。そのため、周囲の環境に興味や関心をもって自分から関わり、具体的・直接的な体験を重ねていくことは、乳幼児期にふさわしい教育・保育の在り方と言えます。幼児教育での環境は、**子どもを取り巻くすべて**を指します。物的環境、人的環境、自然事象を含む自然環境、時間や空間、その場や状況の雰囲気なども含まれます。一人ひとりの子どもが自分の興味や関心、そのときにもっている力を存分に使いながら**環境に関わり、それに応じて環境からの応答を受け取る**という相互作用を繰り返しながら、**一人ひとりのもつ可能性が開かれ、生きる力の基礎が育まれ**ていきます。

② 保育内容としてのねらい及び内容

　幼児教育における保育内容は、幼稚園教育要領、保育所保育指針、幼保連携型認定こども園教育・保育要領（以下、３要領・指針）の第２章において、**「ねらい及び内容」**が幼児の発達の側面からまとめた**「５領域」**で示されています。

　〇心身の健康に関する領域「健康」：健康な心と体を育て、自ら健康で安全な生活をつくり出す力を養う。

　〇人との関わりに関する領域「人間関係」：他の人々と親しみ、支え合って生活するために、自立心を育て、人と関わる力を養う。

○身近な環境との関わりに関する領域「環境」：周囲の様々な環境に好奇心や探究心をもって関わり、それらを生活に取り入れていこうとする力を養う。

○言葉の獲得に関する領域「言葉」：経験したことや考えたことなどを自分なりの言葉で表現し、相手の話す言葉を聞こうとする意欲や態度を育て、言葉に対する感覚や言葉で表現する力を養う。

○感性と表現に関する領域「表現」：感じたことや考えたことを自分なりに表現することを通して、豊かな感性や表現する力を養い、創造性を豊かにする。

５領域に示されている「ねらい及び内容」は、**生活や遊びを通しての指導を中心として総合的に達成される**ものです。

なお、**乳児保育においては３つの視点**（健やかにのびのびと育つ、身近な人と気持ちが通じ合う、身近なものと関わり感性が育つ）から示されています。

2 幼児教育において育みたい資質・能力

現行幼稚園教育要領及び学習指導要領の改訂に当たり**新しい時代に必要な資質・能力**が検討され、明示されました。その全般的な捉え方は中央教育審議会答申（平成28年12月21日）「幼稚園、小学校、中学校、高等学校及び特別支援学校の学習指導要領等の改善及び必要な方策等について」において、３つに整理されています。

①何を理解しているか、何ができるか（生きて働く「知識・技能の習得」）

②理解していること・できることをどう使うか

（未知の状況にも対応できる「思考力・判断力・表現力等の育成」）

③どのように社会・世界と関わり、よりよい人生を送るか

（学びを人生や社会に生かそうとする「学びに向かう力・人間性等」の涵養）

幼児教育においても、上記の「資質・能力」を**幼児期の発達の特性を踏まえて**「幼児教育において育みたい資質・能力」として示されています。

①知識及び技能の基礎：豊かな体験を通じて、感じたり、気付いたり、分かったり、できるようになったりする

②思考力、判断力、表現力等の基礎：気付いたことや、できるようになったことなどを使い、考えたり、試したり、工夫したり、表現したりする

③学びに向かう力、人間性等：心情、意欲、態度が育つ中で、よりよい生活を営もうとする

これらの資質・能力は、それぞれを個別に取り出して指導するのではなく、**環境を通して行う教育・保育の中で、遊びを中心とした生活を通して一体的に育まれる**ように努めることが大切です。

3 幼児期の終わりまでに育ってほしい姿

「幼児期の終わりまでに育ってほしい姿」は、5領域で示すねらい及び内容に基づく活動全体を通して**育みたい資質・能力が形成されている子どもの5歳児後半（就学前）の具体的な姿**です。10の項目で表されており、**保育者が指導を行う際に考慮するもの**とされています。例えば、次に引用する10の姿（項目や文章）を心に留めて子どもの様子を見ると、様々な具体的な活動の中に「この姿はこの項目につながっているな」と気付くことがあると思います。10の姿を視点として子どもの姿を捉えることで、**遊びの中での子どもの体験や学びを多面的に読み取る**ことができ、**明日の保育の方向性を得る**ことができるでしょう。さらに、園内外の研修で同僚や他園の保育者と**10の姿を共通の視点として語り合う**ことにより、幼児理解を深めたり、保育の在り方を多角的に検討したりするなど、**日々のよりよい保育**につながっていきます。

また、**10の姿を手がかりにして保育者と小学校教師が子どもの発達や学びの実際を共有する**ことで、幼児教育から小学校教育が滑らかに接続することが求められています。(P.124参照)

(1) 健康な心と体

幼稚園（保育所、幼保連携型認定こども園）の生活の中で、充実感をもって自分のやりたいことに向かって心と体を十分に働かせ、見通しをもって行動し、自ら健康で安全な生活をつくり出すようになる。

(2) 自立心

身近な環境に主体的に関わり様々な活動を楽しむ中で、しなければならないことを自覚し、自分の力で行うために考えたり、工夫したりしながら、諦めずにやり遂げることで達成感を味わい、自信をもって行動するようになる。

(3) 協同性

友達と関わる中で、互いの思いや考えなどを共有し、共通の目的の実現に向けて、考えたり、工夫したり、協力したりし、充実感をもってやり遂げるようになる。

(4) 道徳性・規範意識の芽生え

友達と様々な体験を重ねる中で、してよいことや悪いことが分かり、自分の行動を振り返ったり、友達の気持ちに共感したりし、相手の立場に立って行動するようになる。また、きまりを守

る必要性が分かり、自分の気持ちを調整し、友達と折り合いを付けながら、きまりをつくったり、守ったりするようになる。

(5) 社会生活との関わり

　家族を大切にしようとする気持ちをもつとともに、地域の身近な人と触れ合う中で、人との様々な関わり方に気付き、相手の気持ちを考えて関わり、自分が役に立つ喜びを感じ、地域に親しみをもつようになる。また、幼稚園内外の様々な環境に関わる中で、遊びや生活に必要な情報を取り入れ、情報に基づき判断したり、情報を伝え合ったり、活用したりするなど、情報を役立てながら活動するようになるとともに、公共の施設を大切に利用するなどして、社会とのつながりなどを意識するようになる。

(6) 思考力の芽生え

　身近な事象に積極的に関わる中で、物の性質や仕組みなどを感じ取ったり、気付いたりし、考えたり、予想したり、工夫したりするなど、多様な関わりを楽しむようになる。また、友達の様々な考えに触れる中で、自分と異なる考えがあることに気付き、自ら判断したり、考え直したりするなど、新しい考えを生み出す喜びを味わいながら、自分の考えをよりよいものにするようになる。

(7) 自然との関わり・生命尊重

　自然に触れて感動する体験を通して、自然の変化などを感じ取り、好奇心や探究心をもって考え言葉などで表現しながら、身近な事象への関心が高まるとともに、自然への愛情や畏敬の念をもつようになる。また、身近な動植物に心を動かされる中で、生命の不思議さや尊さに気付き、身近な動植物への接し方を考え、命あるものとしていたわり、大切にする気持ちをもって関わるようになる。

(8) 数量や図形、標識や文字などへの関心・感覚

　遊びや生活の中で、数量や図形、標識や文字などに親しむ体験を重ねたり、標識や文字の役割に気付いたりし、自らの必要感に基づきこれらを活用し、興味や関心、感覚をもつようになる。

(9) 言葉による伝え合い

　先生や友達と心を通わせる中で、絵本や物語などに親しみながら、豊かな言葉や表現を身に付け、経験したことや考えたことなどを言葉で伝えたり、相手の話を注意して聞いたりし、言葉に

よる伝え合いを楽しむようになる。

（10） 豊かな感性と表現

心を動かす出来事などに触れ感性を働かせる中で、様々な素材の特徴や表現の仕方などに気付き、感じたことや考えたことを自分で表現したり、友達同士で表現する過程を楽しんだりし、表現する喜びを味わい、意欲をもつようになる。

これらの姿は、５歳児後半に突然現れるものでも到達目標でもありません。乳児期から少しずつ育っていくものです。**子どもが発達していく方向を意識して**、子どもが**その時期にふさわしい生活**を送れるよう保育を積み重ねていくことに留意した結果として見られる姿であることを、再確認しましょう。

最後に、園生活の展開において**「ねらい及び内容」「資質・能力」「幼児期の終わりまでに育ってほしい姿」が、一連の関係性である**ことを確認しておきましょう。

各園では園目標の実現に向けて、入園から修了、卒園までに行う教育・保育の道筋を示す**教育課程や全体的な計画**を編成しています。ここには、**「ねらい及び内容」**が、子どもの発達に応じてバランスよく設定されています。さらに教育課程等に基づき、より具体的なねらいや内容、環境の構成や保育者の援助を示した長期・短期の**指導計画**が作成されています。日々の保育は、週案や日案などの短期の指導計画に示されたねらいや内容に、前日までの子どもの興味・関心や保育者の願いが加味され、環境の構成や援助に織り込まれて展開しています。こうして構成された環境に子どもたちが主体的に関わって生み出す遊びの中で、夢中になって楽しむ、もっと面白くしようと工夫や試行錯誤を繰り返す、友達や先生と一緒に考えたり共感したりするなどのことを通して、**「資質・能力」**が育まれていきます。このような園生活で「育みたい資質・能力」が形成されている子どもの５歳児後半の具体的な姿が、**「幼児期の終わりまでに育ってほしい姿」**です。

各園において「ねらい及び内容」で子どもの発達に応じた経験を意識し、「幼児期の終わりまでに育ってほしい姿」で乳幼児期全体の育ちの方向性を意識して教育・保育を行うことにより、一人ひとりの「資質・能力」が育まれ、小学校以降の教育にバトンタッチされていきます。

［引用参考文献］
・文部科学省 (2018)「幼稚園教育要領解説」
・厚生労働省 (2018)「保育所保育指針解説」
・内閣府・文部科学省・厚生労働省 (2018)「幼保連携型認定こども園教育・保育要領解説」
・日本国語教育学会［監修］(2021)『０〜６歳児「言葉を育てる」保育』東洋館出版社

人と関わる力の発達における乳幼児期の重要性

　人間の子どもは生まれ落ちたその瞬間から、誰かに抱き上げられ、守ってもらわなければ生きていけない存在です。馬の赤ちゃんは生まれてすぐに立ち上がり、母馬のところへ自分で行くことができます。猿の赤ちゃんはその強い握力でお母さんの体毛をしっかりつかんで、離れずにいられます。その点、人間の赤ちゃんは非常に未熟な状態で生まれる「子宮外胎児」とも呼ばれます。また、そのことは人間が生まれたそのときから、人との関わりを必要とする「社会的動物」であることを示しています。乳幼児期はまさに、人と関わることで生きていく「自分」をつくり上げていく重要な時期です。子どもにとって１番身近な「自分を守り愛してくれる大人との関係」を基盤として、人との関わりを拡げていきます。その経験の中で、自信を付け、「自分」という人格が確立します。幼児教育において重要視される「主体性」「自立心」も子どもを取り巻く人間関係から育ちが始まります。乳幼児期に望ましい「人と関わる体験」ができるよう、保育においてはその点が大変重要な課題になってきます。

1　生きていくために必要な人と関わる力〜基本的信頼感の獲得〜

　赤ちゃんは、大人を引き付ける力をもって生まれてきます。多くの大人が赤ちゃんを「かわいい！」と思い、笑顔を向けずにはいられません。抱き上げてあやしたくなってしまうのです。赤ちゃんが笑ってくれるとますますうれしくなって、もっと関わりたくなります。赤ちゃんが泣けばなぜ泣いているのかを考えて、ミルクを飲ませてみたりおむつを替えてみたりします。まだ言葉では伝えられない赤ちゃんの要求に答えようと様々に行動します。その結果、赤ちゃんは周囲にサインを自分から出せば、不快な状況が心地よく快適な状況に変わることを体験して、自分の周囲には自分を愛し守ってくれる存在があり、安心して過ごせる環境があるのだと学習します。それが「基本的信頼感」につながります。この基本的な信頼感は赤ちゃんの人格を形づくる大切なものとなり、これからの人生を左右する人と関わる力の基礎となっていくのです。

　子どもの主な育ちの場の多くは家庭です。家族との関わりが子どもの成長に大きく影響します。家庭以外のところで育つ場合でも、家族同様に関わる大人が必要です。現在乳児期から保育所やこども園で長時間を過ごす子どもが増えています。保育者の役割はとてつもなく重要なものとなります。乳児期から幼児期にどのように人と関わってきたか、確実な愛着関係を大人と形成できたか、人との関わりを心地よいものとして認識できたかが、子どもがこれから築く人間関係に大

切なこととなるのです。

① 乳児期に必要な保育〜確実な愛着関係の獲得〜（0〜1歳児）

　保育所保育指針、幼保連携型認定こども園教育・保育要領には、乳児期の子どもの保育の内容として3つの視点を挙げています。そのうち、人間関係と大きく関連するのは「社会的発達に関する視点」でしょう。「身近な人と気持ちが通じ合う」ことから、何かを伝えようとする意欲や身近な大人との信頼関係を育て、人と関わる力の基盤を培うことが重要視されています。望ましい体験として（保育のねらい）、以下3点が挙げられています。
①安心できる関係の下で、身近な人と共に過ごす喜びを感じる。
②体の動きや表情、発声等により、保育士等と気持ちを通わせようとする。
③身近な人と親しみ、関わりを深め、愛情や信頼感が芽生える。
　こうした子どもの姿を目指すためには、保育における大切なポイントがあります。

■応答的な関わり（子どもの出すサインに的確に応える）が最も重要なこと

　子どもは不快な状況、例えば空腹などがあるときには泣いてそれを表現します。そのサインを見逃すことなく、タイミングよく対応すること、それが「応答的な関わり」です。空腹であれば授乳され、不快な状況が快適な状況に変わるという体験を経て、「サインを出せば不快な状況が変わる」ことを学習していきます。つまり、サインを出そうとする姿勢が促されることになります。それは、自分の要求を表現しようとする「意欲」につながります。同時にそのサインを受け取って対応してくれる身近な大人を認識し、信頼し、そのことで安心して生活ができるようになるのです。反対にタイミングがずれたり、子どものサインに気付かないままでいると子どもはサインを出さなくなり、人との関わりを喜ぶことにはつながらなくなってしまいます。

■保育者が確実な愛着対象とされることが情緒の安定につながる〜養護のねらいの達成〜

　乳児期の保育においては、最も身近な愛着対象を子どもが獲得することが最優先の課題です。そのためには、多くの保育者が代わる代わる保育を行うことよりも、できるだけ同じ保育者（担当者）が対応することが有効です。長時間の保育には、よりその保育方法が求められることになります。なるべく早い段階で、子どもが愛着対象を獲得し、安定した生活が送れるようにすることが大事です。不快な状況を快適にする、つまり「生命の保持」、そしていつも同じように対応してくれる保育者を認識して要求を表現する、それは「情緒の安定」につながります。この時期の養護のねらいが確実に達成されることになるのです。

■表情や言葉でしっかりと対応する～言語の発達、人との関わり方を学ぶ体験になる～

　また言葉は出なくても、表情や全身の動きで一生懸命に思いや要求を伝えようと表現している子どもたちに、保育者はしっかりと応えていく必要があります。大事なのは表情や言葉（語り掛け）です。温かな雰囲気の中で、自分を肯定してくれる空気を子どもは感じ取ります。「人と関わることの快適さ」「受け止めてもらう心地よさ」を十分に感じながら、自分をさらに表現しようとします。子どもが感じているであろう思いや要求を笑顔で受け止め、そして言葉でしっかりと代弁すること、分かったよと受け止めたことを伝えることが大事です。その毎日の繰り返しで、言葉は自分の要求を表現することや人と関わる上で便利なものと子どもが認識することで言語の発達につながります。

　8、9か月頃には「指さし」が現れ、他者と思いを共有しようとする行動が見られるようになります。そうした行動には笑顔で共感する、「～だね」「そうだね」など言葉で共有できたことを伝えることが大事になります。共感してもらえた体験は、さらに人と関わろうとする意欲、自分を表現しようとする意欲に大きくつながっていきます。

② 乳児期から幼児期の保育～依存と自立の狭間で関わりを深める～（2～3歳児）

　信頼できる保育者との関係を基盤に、周囲の保育者や子どもたちとの関係にも関心が向いていきます。2歳を過ぎる頃、「大人と子どもがいること」「自分は子ども」、周囲にいるのは「自分と同じ子ども」というように徐々に認識されてくるようになります。他児のしていることにも大いに関心があり、同じ遊びをしようとしたり、同じものが欲しくなったりします。様々な要求のぶつかり合いがトラブルになりますが、保育者に仲立ちされながら、自分と同じ子どもでも「思いの違う他者」の存在を意識するようになります。そうした体験を積み重ねながら、「みんなと一緒が楽しい」ことを学習し、他児と共に過ごす生活が楽しくなることが重要になります。しかしながら、みんなで楽しく生活するには、自分の思いや要求を抑えることも必要だ、ということに気付くようにもなってきます。そこで、生活上のルールの必要感を感じる体験が必要なのです。

　保育所保育指針、幼保連携型認定こども園教育・保育要領では、以下3点が領域「人間関係」における保育のねらいとされています。
①保育所（幼保連携型認定こども園）での生活を楽しみ、身近な人と関わる心地よさを感じる。
②周囲の子ども等への興味や関心が高まり、関わりをもとうとする。
③保育所（幼保連携型認定こども園）の生活の仕方に慣れ、きまりの大切さに気付く。

　この年齢でも、このような子どもの姿を目指すためには、保育における大切なポイントがあります。

■甘えや葛藤を受け止めながらも自立へ向けての意欲や期待がもてるようにする

　保育者とのしっかりとした信頼関係がこの時期でも重要です。自分でやりたいけれどうまくできないことへのいらだち、自分の思い通りにはならない悲しい気持ちを感じるとき、その気持ちを受け止めてくれる保育者の存在が気持ちを切り替えるためにも大切になります。気持ちを受け止めてもらって立ち直る体験を積み重ねて、自分自身で切り替えができるようになってくるものです。

　また、「自分でできた！」という体験、満足感や達成感が子どもを成長させます。できたことを評価するのではなく、自分でやろうとした姿勢を認めることが大事です。自分でやろうと頑張ったことが評価されることは、子どもの自立心を育てることにもつながります。子どもは自分が大きくなっていくことを実感できることがうれしく、それを周囲が喜んでくれることが何より大きな喜びとなります。

■遊びや生活の中で様々に子ども同士が関わり、様々な感情体験をしながら関わりが深まっていくようにする

　他児の遊びなどの様子にも関心が高まってきます。まずは一緒に遊ばせようとするのではなく、より関心がもてるように気付かせていくことが必要です。「～ちゃん、～してるね」「面白そうだね」など、様子を見ながら声を掛けていきましょう。発達の状況も様々なので、まだひとり遊びが大切な時期の子どもには無理をせず、様子を見ながら声を掛けていくとよいでしょう。まずは「同じことをすることが楽しい」「一緒にいることが楽しい」と思えることが大事です。

　しかし、関わりが増えればトラブルも起きてきます。このトラブルも実に大切な体験です。トラブルを避けようとするのではなく、安全には十分注意しながら保育者が双方の子どもの気持ちを代弁する、伝える仲立ちをしていくことが必要です。「～ちゃんはこれが欲しかったんだね」と気持ちを受け止める、「でも～ちゃんも使いたかったんだって」と相手の気持ちを分かりやすく伝える、「貸してって言ってみようか」と次の行動を伝える、というように仲立ちをしていきます。その援助によって、「子どもが相手にも思いがあることを理解する」「自分の思いもあるが少し我慢しようかな」という気持ちが生まれる、「どう行動すればよいのかが分かる」など、望ましい体験につながっていきます。欲しい気持ちが通らないいらだちや取られた、という悲しい感情を経験するものの、貸してもらえたうれしさや「ありがとう」を言われたうれしさは、子ども同士の関わりをさらに深めていくことになります。

■生活や遊びの中でのルールがあることに気付き、その必要感を感じることができるようにする

　自分の思いが必ずしも通らないことを体験していくうちに、みんなで楽しく生活をするためには、自分はやりたい、欲しいけれど「人に譲ってみる」ことも必要なのだということも少しずつですが理解できるようになってきます。このことは、社会の中で人とうまく関わっていくために必要不可欠な「自己統制」につながります。「自己主張」することも大事ですが、人の意見を聞き入れることも重要なことです。

「じゅんばんこ」といったルールもありますが、保育者が無理矢理に守らせようとするのではなく、「〜ちゃんが待ってるよ」など、他児の気持ちを伝えたり、順番を譲ったときは「ありがとう！」としっかり伝えて、気持ちよく譲ることができるようにするなどの援助が効果的です。生活上のルールは、子どもたちがその必要性を理解していないと守ることにはつながっていかないものです。必要性に気付いたり、考えさせたりすることが援助には必要です。

③ 幼児期から学童期へつなげる保育〜他者と共に生きることと自己発揮〜（4〜5歳児）

　他児との関わりが広がり、イメージを共有しながら、また役割を分担するなど子ども同士で考えたり意見を表明し合ったりする体験から、「気持ちの共有」「支え合い」など、よりよい人との関わり方を学んで行く時期になります。より多くの経験から自信を深めていく一方で、評価される自分が気になり、自信を喪失することもあります。1人では楽しくないことは分かっていながら、うまく関われないことにも葛藤を感じたりします。人との関わりも試行錯誤です。関わる体験を積み上げながら、お互いを理解し合い、思いやりをもって接することもできるようになっていきます。

　もちろん、保育者との関係も安定した生活の基盤ではありますが、保育においては集団での育ちを促していく援助が必要になります。どうしたらみんながもっと遊びを楽しめるのか、どうしたらみんなで気持ちよく生活ができるのか自分たちで考えていけるように、保育者のヒントやきっかけづくりが大事だと思います。

　幼稚園教育要領、保育所保育指針、幼保連携型認定こども園教育・保育要領では、以下3点が領域「人間関係」における保育のねらいとされています。

①園の生活を楽しみ、自分の力で行動することの充実感を味わう。

②身近な人と親しみ、関わりを深め、工夫したり、協力したりして一緒に活動する楽しさを味わい、愛情や信頼感をもつ。

③社会生活における望ましい習慣や態度を身に付ける。

　この年齢でも、このような子どもの姿を目指すためには、保育における大切なポイントがあります。

■自分の力で成し遂げる充実感を味わえるよう、試行錯誤を見守りながら子どものアイデアや発見を評価し、認めていく

　人との関わりを深めていくに当たり、自立心を育むことも大切です。子どもの興味や関心を引き出す環境づくりはもちろんのこと、子どもがどのような見通しや考えをもってやろうとしているのかをよく観察してみましょう。ちょっとしたきっかけでできたり気付いたりします。友達のしていることに目が向くように声掛けをしたり、保育者からヒントになるようなアイデアを提示してもよいと思います。子どもが自分の力でできるように援助していくには、子ども自身の気付きが大事です。努力や頑張りを大いに認めながら、じっくりと見守っていきましょう。

■友達のよさを認め合える集団づくり

　一緒に生活していく中で友達のよさを発見できる機会を意図的につくることも大事です。子どもの行動をよく観察していると、見えてくることがあります。「〜ちゃんは〜してくれていたんだね」など具体的な行動を認め、子どもたちに投げ掛けることで自信をもったり、友達のよさに気付いたりできます。まず保育者が一人ひとりのよさを発見し認めていくことによって、一人ひとりが自分の力を発揮しながら、共通の目的に向かってよさを生かし合い協力して取り組んでいく「協同性」につながり、思い合い支え合える集団づくりにつながっていきます。

■社会生活にルールが必要なことを経験しながら理解し、守ろうとする態度を育てる

　自分がやりたいことが必ずしも通らず、友達に譲ったり、時には我慢をすることも経験しながら、自分の思いがどうすれば分かってもらえるのか表現する方法も探っている子どもたちですが、結局一人ひとりの思いを出し合い、「折り合っていく」ことが重要だと分かってきます。そのためにルールが存在し、守っていくことでみんなが楽しく気持ちよく生活できることが一番大切なことだと気付けることが重要だと思います。一人ひとりが納得し、行動できるように十分に思いや意見を言えるような機会をもてるようにすることが大事です。

2　家庭との連携〜子どもの最善の利益のための保護者・家庭支援〜

① 子どもが健やかに育つ三者関係の中で展開される保育

　「保育」という言葉は「乳幼児を適切な環境のもとで、健康・安全で安定感をもって活動できるように養護するとともに、その心身を健全に発達させるように教育すること」（『ブリタニカ国際大百科事典』）と解釈されています。これを見ると、保育は子どもと保育者の二者関係で行われるような印象を受けます。しかし、実際の保育（乳幼児教育）は、この二者だけでは成り立ちません。保育者がいかに高い専門性をもってしても、家庭で保護者が子どもを慈しんで育ててくれていないと教育が成り立たないのです。保護者が子育てにしっかりと向き合い、子どもの成長を喜んでくれていること、子どもに関心をもっていることが教育に大きく影響してきます。このことは、保育者なら必ず実感しているはずです。教育の効果は、保護者との連携・協力なくしては全くといっていいほど期待できません。力を十分にもっているはずの子どもでも、家庭で安心して過ごすことができずに葛藤を抱えて、保育現場でも友達を攻撃したり、保育者に過剰に甘えたりといった行動に出てしまうこともあります。こうした苦しい状況にいる子どもには、園生活での対応だけでは事態は改善しません。子どもの最善の利益を守り、保育を行っていく専門家である保育者には、保護者や家庭への支援が不可欠なのです。

　このように考えていくと、保育が子ども、保育者、保護者の三者関係の中で成り立っていくことが分かります。家庭教育は乳幼児教育の基盤であり、子どもが家庭で健やかに育つことがよりよい乳幼児教育の絶対条件であることになります。また保育の現場では、子どもの成長とともに、子どもと毎日を過ごす保育者も保育者として育ち、さらには保護者も親として育つ、つまり子どもだけが育つのではなく、三者がそれぞれに育ちを遂げることになります。そのためには三者が信頼関係で堅く結ばれ、子どもを中心にしてそれぞれを認め合う親しい関係でなければなりません。そうなってこそ、子どもの最善の利益のための質の高い保育の実現ができるのだと思います。

② 家庭へのアプローチが子どもを変える

　子どもの非認知能力の育成を重視した幼児教育の効果について、ヘックマン教授の研究（2015）が明らかにしたことが世界中で認識され、質の高い幼児教育が社会的にも投資的効果が高いとされ、遅ればせながら日本でも幼児教育の無償化が実施されることになりました。アメリカの社会でも、比較的経済的に恵まれない家庭の子どもに対して行われた教育（ペリー幼児教育プログラム）では、追跡研究により「最終的には、就学前教育を受けた子どもは、受けなかった子どもよりも

学力検査の成績が良く、学歴が高く、特別支援教育の対象者が少なく、収入が多く、持ち家率が高く、生活保護受給率や逮捕率が低かった」という結果となり、社会への投資として効果が大きいことが証明されました。このプログラムの重要な点は、もちろん専門性の高い専門家による適切な幼児教育だと考えられますが、さらに家庭訪問を行って家庭への介入を試みている点だと思われます。そのことによって保護者が子どもや子どもの教育に関心をもったことが、大きな成果として現れたと言うこともできるのではないかと思います。

　さらにサスキンド教授の研究（2018）では、「子どもが最終的に身につける学ぶ能力は、生後数年間に聞いた言葉の量に比例する」、つまり「子どもの将来の学びの到達点を決める必須の要因は、初期の言葉環境であり、保護者の言葉は子どもの脳が育っていくのを促すだけではなく、子どもの行動も形づくっていく」ことを明らかにしています。

　これらの研究からも、家庭の養育環境が子どもに及ぼす影響の大きさが分かります。子どもが健やかに育つために、家庭で保護者はどうあればよいのか、分かりやすい言葉で今の子どもの姿を語ることで伝えていくのが保育者の重要な役割です。また、サスキンド教授は「子どもに何かしてあげようとする親ではなく、子どもに関心をもつ親が最も子どもの脳を育てる」としています。つまり、無関心にならず子どもに関心をもつ、保護者には見えない保育の中での子どもの育ちにも関心をもってもらう必要があるのです。そのための工夫が保育者には求められています。子どもも保護者も一緒に充実した子育て期を送ってほしい、そうした願いのもと、保育者の専門性を生かした工夫が大いに必要なのです。

③ 保育者に求められる人間関係を調整する力

　保育の場では保育者と子どもの関係、子どもと子どもの関係が存在します。そして、家庭においては子どもと保護者の関係があり、それはずっと続くものです。地域においては保護者と保護者の関係や地域住民との関係もあります。子どもの育ちにおいてはどの人間関係も大変重要で欠かすことはできません。その関係がうまく機能し、「子どもを健やかに育てる」という目的が共有されていることがさらに重要です。乳幼児期を超えて学童期、青年期と成長する子どもの育ちを見通しても、家庭だけでできることは限られています。

　そこで保育者の支援が必要なのです。子どもと子どもをつなぐ、子どもと保護者をつなぐ、保護者と保護者をつなぐ、さらに保護者と地域をつなぐことが子どもの最善の利益を守ることになります。人と人とをつなぐ力、つまり子どもが健やかに育つことができるように人間関係を調整し、乳幼児期に育ちの基盤をつくることが必要で、その役割が保育者の専門性として求められています。

［引用参考文献］
・小田豊・神長美津子［監修］、友定啓子・小田豊［編著］(2008)『新保育シリーズ　保育内容　人間関係』光生館
・ジェームズ・J・ヘックマン［著］、古草秀子［翻訳］、大竹文雄［解説］(2015)『幼児教育の経済学』東洋経済新報社
・ダナ・サスキンド［著］、掛札逸美［翻訳］、高山静子［解説］(2018)『3000万語の格差──赤ちゃんの脳をつくる、親と保育者の話しかけ』明石書店
・小田豊・神長美津子・箕輪潤子［編著］(2019)『乳幼児教育・保育シリーズ　保育原理』光生館
・『ブリタニカ国際大百科事典』ロゴヴィスタ

CONTENTS

第**1**章 よくあるギモン㉚

第 1 章

よくあるギモン

30

愛着関係を育むには？

園で愛着関係を育むには、どのようにするとよいのでしょうか？

（保育者）

ずっと泣いているなあ、どうしたら心を開いてくれるかな？

えーん

なぜだろう？　保育者のギモン

4月当初、泣き声が響き渡る保育室です。大きな声で泣く子や不安そうな顔で周りを見ている子もいます。担当者として早く子どもたちと信頼関係をつくりたいのですが、どうしたらよいでしょうか？

お答えします！　解決の糸口

生活の急変で不安がいっぱいの子どもたち、少しずつ自分の興味あることに目が向くようになっていきます。子どもの様子をよく観察して、好きなあそびを共有しながら、大丈夫だよ、と伝えながら、園は楽しいところだと思えるようにあそびの環境や教材を工夫しましょう。生活介助はできる限り担当者が行い、あそびでは他の保育者や子どもたちと関わり合えるようにしていきます。

保育者

Aちゃん、○○好きかな〜
先生と一緒に見ようね

4月当初は家庭のリズムに合わせ
ながら、ゆったりと生活できるよ
うにしましょう。また子どもが助
けてほしいサインを見逃さずに言
葉で返しながらスキンシップを取
り、安心感をもてるようにします。

4月はまだ家庭から来た子ど
もの様子が落ち着かないもの
です。一人ひとりのリズムに
合わせて生活していくのは大
変ですが、集団で一斉にやろ
うとすると子どもを待たせる
ことになったり、急がせたり
してしまいます。まずは担当
者との関係をつくることを優
先させて生活の流れや保育者
の動きを工夫してください。

NG

担当者（なるべく同じ保育者）が いなくても安定して過ごせるように

担当者との関係がしっかりできていると、
時々担当者がいなくなっても安定して過ごせ
るものですが、いないときには誰が生活介助
を行うのか、保育者間で相談して決めておく
とよいでしょう。1番がいなくても、2番3
番の保育者で安定した生活ができるというこ
とが重要です。

Point

保護者と子どもの様子など話題を 共有し、親しくなること

不安なのは子どもだけではありません。保護
者も同様に心配しているものです。こちらか
ら積極的に声を掛けていきましょう。保護者
ともしっかり信頼関係ができると、子どもも
安心するようで、保育者との関係も変わって
くることがあります。子ども同様に保護者と
の関係も深められるように心掛けましょう。

2 気持ちを通わせるとは?

気持ちを通わせるとは、どのようなことでしょうか?

【 全年齢 】

保育者

～ちゃんは～が好きなの？

子ども

……

なぜだろう？ 保育者のギモン

園では本当に様々な状況の子どもと保育者が生活しています。「相性」のよさというものがあるのかどうかは分かりませんが、よく話しあそぶ子どもとは「気持ちの通い合い」が感じられますが、そうではない子どももいて、どう対応したらよいのか分かりません。

お答えします！ 解決の糸口

自分から積極的に保育者に要求を表現できる子どももいますが、中にはなかなか表現できない子どももいます。保育者と関わりたくても近付けない子どももいるようです。また、周囲の人に興味を示さない子どももいるかもしれません。まずは、そうした状況を把握できるように努めましょう。

保育者

〜ちゃんは〜が好きだよね、
せんせいも大好き!
一緒に見てもいいかな?

子ども

うん…

担当の子どもたちと「心を通い合わせているか」「子どもが心を開いて自分の要求を伝えてくれているか」「保育者を頼りにしてくれているか」を絶えず考えていくことです。同じ子どもでも状況が違ってくることもあるので、丁寧に観察することが重要です。

関わりの少ない子どもの様子は見えてこないものです。記録を必ず振り返って、確認をしましょう。確認をしないとずっと関わらないまま過ごしてしまいます。日々、集団で保育をしていると、見落とすことがたくさんあります。確認したら次の保育では注意して関わるなど、今後に生かすことが大切です。

NG

保育者のありようが そのまま子どもに伝わる

忙しすぎて余裕がなかったりイライラしていたりすると、子どもの姿が見えてこないものです。同時にそういうときは、子どもも保育者に関わろうとしない状況になることがあります。子どもは保育者の行動や表情に敏感です。心を通わせるには、子どもに安心感を与えることが必要なのでまず笑顔、そして気持ちを切り替えて子どもに目を向けましょう。

関わりの少ない子どもには こちらから意識的に働き掛ける

記録から振り返ると、何をしていたか思い出しにくい子どもがいます。つまり、保育者との関わりが少ない子どもです。なぜそうなるのかよく考えてみましょう。保育者の意識1つで関係が変わってくるものです。しっかりと関わり、心を通わせていなければ、その子どもの本質は見えてこないものです。

Point

3 担当ではない保育者に なついているのですが…

担当のクラスの子どもが、他の保育者のほうに行ってしまいます。どのように対応すればよいでしょうか?

【1〜2歳頃】

保育者

> なんで、私を見ると
> 泣いちゃうのかしら

子ども

○○○○●○○○○◎○○○○○
●○○○○○○○◎○○○●○○○
○◎○○○○○●○○○○○○◎

クラスの担任なのに、私になついてくれません。泣いている子どもの様子を見ていて、何かできないかと考えています。

お答えします!

解決の糸口

子どもが不安感を抱いているときには、その状況を受容し、安心できる環境づくりに努めます。安心感を得たとき、それは愛着が形成されたことを意味し、情緒が安定し周りの人を受け入れ、周囲に興味や関心を向けていきます。

保育者

いつでも待っていますよ

子どもが自分をありのままに表せることを大切に。泣いてしまっても、慣れてくれなくても、ゆったり笑顔で見守っていましょう。「待っていますよ」と、思う気持ちが保育室の雰囲気となり、子どもに伝わります。

甘えて
安心

愛着
関係

「泣いてしまうけど、慣れたほうがいいから」と、無理に関わることはかえって子どもを不安にさせます。職員間で全体状況を把握し、子どもにとってよりよい環境をつくっていきましょう。

NG

子どものペースで関わっていくことを大切にしましょう

保育者は、愛情ゆえに「子どもが自分になつくことに必死になる」ことがあるかと思います。まずは「子どもが安定して過ごせること」（子どもが真ん中）を第一に考えてみてください。笑顔で見守っていたら、ある日ふと「抱っこして」と、歩み寄ってくる場面が来るはずです。そのときは、たっぷりと抱きしめてください。

Point

温かなチームワーク

子どもの成長にとって愛着の形成が大変重要と言われています。愛着関係を育むために担任間で共通理解の上、少しずつ、その子どもが環境に慣れるよう見守りましょう。「安心できる環境」を保障することで、子どもの世界も広がっていきます。細やかに子どもの様子を見て職員間で情報を共有し、皆で保育する体制を整えていきましょう。

Q4 かみつきへの対応は?

かみつきへの対応について、どのようにしたらよいでしょうか。

【1〜2歳頃】

子ども

とらないで!

子ども

ガブッ(ぼくも使いたい……)

なぜだろう? 保育者のギモン

気持ちが高ぶるとかみついてしまいます。その都度、いけないことだと伝えているのですが、なかなかおさまりません。

お答えします! 解決の糸口

・かみつきが起きる状況を見直す（皆が安定してあそび込める環境か、職員連携は配慮されているか）。
・子どもの行動を観察して（どんなあそびに興味をもっているのか。あそび込めているか。誰が気になるのか）振り返ってみましょう。

保育者

> 痛かったね

「痛い思いをして辛かったね」（す
ぐに傷口の処置を行う）
「一緒に○○したかったのね」
「『入れて』って言いたかったのね」
など子どもの思いや、したかった
行動をまず代弁しましょう。

「お友達をかんじゃうなんて
だめじゃない！悪い子ね」と、
人格を否定するような対応は
避けましょう。混乱している
気持ちを受け止めた後に、し
てはいけない行為に関して伝
えます。

NG

保育者

> それがほしかったのね

かみつきは心も痛いね

かみつくという行為は、いけないと伝えてい
くことは大切です。一方で、子どもがかみつ
きによって表現している思いを受け止め、寄
り添い、その上で穏やかに表現できる方法が
あることを伝えていきます。しかし、子ども
自身で複雑な気持ちを切り替える力はまだ身
に付いていません。保育者が場面を捉え、仲
立ちしていきましょう。

Point

保護者との信頼関係

子どものかみついてしまう思いを受け止め、
家庭と一緒に対応していくことが大切です。
日頃から保育園での姿、発達の状況や家庭で
の様子を丁寧に伝え合い、小さな成長も共に
喜び合える関係をつくっていきましょう。

いざこざへの対応は?

玩具の取り合いが多くて困っています。どうしたらよいでしょうか。

【 1～2歳頃 】

だって使いたいんだもん

あれじゃなくちゃいや～

なぜだろう?
保育者のギモン

他にもおもちゃはあるのに、2人で同じ玩具にこだわっているのはどうしてかしら…。

お答えします!
解決の糸口

「このおもちゃがいい」と、周囲のものへの関心が表れ、執着心が生まれ、自己主張する姿が見られます。それは心の大きな成長です。このような場面では、双方の思いを簡単な言葉で伝え合えるように保育者は仲立ちしましょう。

子ども

> だってAちゃんの持ってるボール、
> ぼくが前に触ったボールなんだもん

保育者から見てつじつまが合わないことでも、互いの思いを保育者が仲立ちとなり言語化して伝えます。どの子どもの思いも認め、大切にしている姿勢を見せることで、子ども自身が考える時間をもてるようにしましょう。

保育者

> うんうん、そうなのね。
> 最初にちょっと触っていたボールなのね

> 「〇ちゃんが貸してって言ってるから貸してあげたら?」
> トラブルの場面だけで保育者が判断せず、やり取りを見守って、双方の思いを伝え合う仲立ちとなるように心掛けましょう。

NG

「おんなじきもち」

自分に気持ちがあるように、相手にも気持ちがある。このことを感じる経験が、人間関係を育む基礎となっていきます。

自分のあそびからみんなと 一緒のあそびの環境へ

一人あそびを十分に行うことで満足すると、友達の存在を意識してあそぶようになります。それぞれの段階で環境を整えましょう。

・一人あそびの頃は、玩具を人数分もしくは数に余裕をもたせて準備し、あそびの空間が重ならないように配慮します。

・友達と関わってあそべる時期になったら、やり取りが楽しい玩具を準備しましょう。

6 人との関わりを深めるとは?

人との関わりを深めるとは、どのようなことでしょうか?

【 3歳以上 】

保育者

いつもこうなっちゃう、
どうすればいいの？

やだ！

ちょう
だい！

なぜだろう？

保育者のギモン

自分が「やりたい！」と思ったこと
を実現しようとあそぶ子どもたちで
すが、あちこちでトラブルが起きて
います。互いに思い合えるような関
わりをもっと深めたいのですが、ど
うしたらよいのでしょうか？

お答えします！

解決の糸口

トラブルは人とうまく関わっていく
ためのよい体験です。しかし、まだ
自分の思いをうまく言葉で表現でき
なかったり、他者の思いを理解でき
ていなかったりして、子どもたちだ
けでは対処できない時期もあります。
そういうときにこそ保育者が仲立ち
となって子ども同士をつなぎ、関わ
りを深めていけるようにしましょう。

保育者

Aちゃんは〜がほしかったんだね。
Bちゃんも使いたかったんだって。
どうすればいいかな？

「一緒に使ったらどうかな？」「順番こで使おうか？」「あとで貸してもらおうね」など、トラブルをどう乗り越えて子ども同士が理解し合えるかを具体的に分かりやすく伝えていきます。どちらも納得できるようにしていきます。

「けんかしないの！」「仲よくして！」では、どうしたらよいのか子どもたちは理解できません。これでは、関わりを深めていくことにはつながりません。年齢にもよりますが、子どもたち自身に考えてもらうことも必要です。

NG

人と関わることで生まれる
感情体験を大切に

集団での生活の中で子どもたちは他者と関わる体験をしますが、仲よく楽しくという場面ばかりではなく、辛く悲しいこともあると思います。そうした体験も実に大切で、保育者から「悲しかったね」「イヤだったんだね」と気持ちを受け止めてもらうことで、他者の感情（気持ち）を理解し、受け止めるという学習をしています。

Point

保育者は
子どもの気持ちの代弁者に

言葉で自分の気持ちを表現することがまだまだ難しい子どもたち。保育者は、そうした子どもたちの心のありようを代弁することが大事です。「〜がイヤだったんだね」「悲しくなっちゃったんだね」など、分かりやすい言葉で伝えてみましょう。子どもは自分の気持ちがしっかり保育者に受け止められたことに安心感をもち、信頼するようになります。

Q 7 友達とあそぼうとしないのですが、どうしたらよいですか?

1人であそんでいることが多く、友達への関心が薄いようです。どのような援助を行えばよいでしょうか。

【 3歳以上 】

保育者

Aちゃん何してるの?

子ども

…(無言)

なぜだろう？ 保育者のギモン

いつも1人であそんでばかりいます。いろいろな子とあそべるようになるには、どうしたらよいのでしょうか?

お答えします！ 解決の糸口

自分のペースであそびたい子、何かに夢中になっている子などには、子どもの興味に寄り添いながら、友達の存在を心地よく感じたり、一緒にあそぶと楽しいと思えるような経験を積み重ねましょう。

保育者

> Aちゃんの電車も
> Bちゃんの車も素敵だね

保育者

> ほら見て見て、一緒に走ってみない？

友達の存在に気付くためには保育者の言葉掛けが大切になります。子どもの名前をはっきりと呼びながら、具体的なあそびの内容を話すことが、友達の存在に気付くきっかけになります。

その子の楽しんでいる1人の世界を壊すような声掛けは、逆効果になってしまうことがあります。

NG

好きなあそびを共有できる場

それぞれの子どもに好きなあそびがあります。一見違うあそびに見えても、共有できる部分があるはずです。お互いが見える位置などうまく場をつくり、一緒にあそぶきっかけをつくりましょう。そして、ぶつかり合いや嫌な思いをすることがないよう、必要に応じて場を広げたり、流れの修正を行うことで、楽しい雰囲気が継続できるようになります。

Point

新しい発見から広がる世界

友達と一緒にいることで生まれる自分にはないアイデアや発言は、新しい発見につながります。保育者が一人ひとりの気付きやよいところを認め、言葉にして伝えることが、友達の存在に気付き、子どもの世界を広げることにつながります。

8 自己肯定感を育むには?

自分から行動することが少なく、気になります。どうすればよいでしょうか?

【 3歳以上 】

保育者

自分の言いたいことをしっかり
伝えてほしいな…

なぜだろう? 保育者のギモン

自分のやりたいこと、言いたいこともたくさんあるはずなのに、なかなかそれを表現できない子どもがいます。園でなぜ自分を出すことができないのでしょうか?保育者が何かプレッシャーを与えているのかもしれないと心配になります。

お答えします! 解決の糸口

その子どもとしっかり信頼関係ができているのか、改めて考えてみましょう。必然的に関わりが少なくなってしまってはいないでしょうか。また、どんな関わりをしてきたでしょうか。記録を振り返るなどして確認をしてみましょう。

保育者

Cちゃんは〜がとっても上手だよね。
Dちゃんと同じで〜が好きなんだって

あそびや生活の様子をよく観察して、その子の好きなこと、得意なことなどを探って、それを発揮できるような機会をつくります。「いつも（あなたのことを）見ているよ」というサインを送ることで、安心して自己発揮ができてくるので、自信が付いてきます。

話の先回りをしてしまい、その子どもが伝えようとしていることをじっくりと聞かずにやってあげてしまうようなことは避けたいですね。まずはゆっくりと本人に任せて、話を聞いてみましょう。

NG

一人ひとりの子どものよさを理解し、伸ばそうとする姿勢をもつ

子どもは一人ひとり様々な個性をもっています。性格や行動特性、興味や関心をもつものなど全て違います。全てを肯定的に捉え、その子どものよさとして理解し、あそびや生活の中で自己発揮できることによって自信を付けていくような取組が望まれます。

point

伸びようとする子どものそのときを見逃さずに支えること

できるかな、やれるかな、子どもはそんな不安の中で過ごしています。信頼できる大人から「（あなたなら）きっと大丈夫！」と背中を押してもらうことで、次々新しいことに挑戦します。不安なときにいつも寄り添ってくれる大人の存在が子どもに力を与え、成長させてくれるのです。

Q9 仲間外れなどへの対応は？

子ども同士で一緒に楽しくあそんでいるようですが、時々仲間外れが起こります。どんな援助をしたらよいでしょうか？

【 3歳以上 】

子ども

> B君、あっち行こう！

なぜだろう？
保育者のギモン

さっきまで楽しそうだったのに、突然別々になってしまいました。見ているとけんかをしたわけではなさそうです。どう援助をしたらよいでしょうか？

お答えします！
解決の糸口

仲間外れをする子、される子、どこに問題があったのかを知る必要があります。保育者が双方の思いを丁寧に聞き、状況を見ながら、うまく表現できない部分を補うことで、子ども自身が考えられるようにしていきましょう。

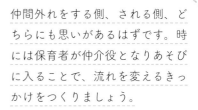

子ども

だって今は2人で
あそびたいんだもん

保育者

あら、C君
悲しそうな顔をして
どうしたの？

保育者

じゃあ先生、C君と一緒に留守番してるか
ら帰ってきてね。行ってらっしゃい！

仲間外れをする側、される側、どちらにも思いがあるはずです。時には保育者が仲介役となりあそびに入ることで、流れを変えるきっかけをつくりましょう。

子ども自身が納得できるようになるためには時間がかかることがあります。解決を急ぐと、子ども自身が考えるきっかけを逃してしまいます。

NG

相手の気持ち

思いの出し方は様々です。相手に伝わるような言葉や態度で表現できる子ばかりではありません。表情やしぐさなどにも相手の思いが出るのだということを丁寧に伝えていくことが大切です。また、仲間外れをしてしまう子の心が満たされているかどうかも大切なポイントです。

子どもの世界、子どものルール

子どものあそびの中には、家庭でのルールや子ども自身が考えた独自のルールも存在します。どちらも子どもたちがあそぶ上では大切なルールとなります。また、遊具の数など物理的な問題も原因の1つになることがあります。あそびのイメージに合った解決策を見付けていくことが大切です。

Point

あそびでリードする子どもが決まってしまいがちです。周囲の子どもたちの思い
が気になります。どうすればよいでしょうか?

【4、5、6歳頃】

子ども

> 私がお母さん。Bちゃんはお姉
> さん。Cちゃんは赤ちゃんね

子ども

> さあ子どもたち、
> ごはんですよ!

なぜだろう? 保育者のギモン

いつも、同じ子の意見であそびが決まっています。従ってばかりの他の子どもたちは、楽しめているのでしょうか?

お答えします! 解決の糸口

あそびをリードする子は、アイデアが豊富で会話も面白い子が多いようです。初めは従っている子も、一緒にあそぶ中で少しずつ自分の意見やアイデアを出せるような雰囲気づくりを心掛けましょう。

（保育者）
Aちゃん、Bちゃんも
お母さんになりたいみたい

（保育者）

先生がお姉さんになろうかしら

好きな友達と一緒にいたい、その子とあそぶと楽しいなど、一緒にいる理由は様々です。まずはその役割に納得できているかを見ながら、やりたいことが言えないようなときには、保育者が仲介していくようにしましょう。

リードされている関係を悪いことと決めつけ、みんなが意見を出すよう求めすぎると、遊びの面白さが半減してしまうことがあります。

NG

成長と共に

あそびをリードする子には、アイデアが豊富で発言にも魅力のある子が多いようです。成長と共に仲間関係は変化していきます。一方的な関係にならないためには自分の思いや考えを言葉にしたり、表現したりできるように保育者がモデルとなり、援助することが大切です。

いろいろな友達との出会い

自由なあそびの中での仲間関係のほかに、クラスでの集まりや食事のときなど、いつもと違う友達と過ごせるようなグループをつくったり、みんなの前で発言できるような場面をつくったりしながら、新しい友達と出会うきっかけをつくりましょう。

11 当番活動を嫌がる子への対応は?

決められた当番活動をやりたくないと言います。どう働きかければ、子どもたちが参加してくれるでしょうか?

【4、5、6歳頃】

なぜだろう? 保育者のギモン

 保育者

> Aちゃん、Bちゃん、
> 当番の時間よ!

子ども

> え〜っ、まだあそびたい!
> やりたくない!

当番活動を嫌がる子がいます。いろいろ誘いかけているのですが、なかなか定着しません。どうしたらよいでしょうか?

お答えします! 解決の糸口

決められた当番の活動内容が、現状の子どもたちの気持ちに沿っているかを考えてみましょう。子どもたちのやりたい気持ちを引き出すには子ども自身でやりたいことを考えたり、成長と共に内容を変えていくなどの工夫が必要です。

> 保育者
>
> B君、お花に水を撒いてくれて
> ありがとう

> 保育者
>
> しょんぼりしていたお花が
> 元気になったわ

生活の中で子ども自身が気付いたことは、言葉にして伝えていきましょう。認めてもらえた喜びは、次へつながり周囲へと広がっていきます。また、あそびが中断することがないよう、メンバーを決めたり、当番を行うタイミングを工夫しましょう。

役に立つ喜び

子どもたちにとって保育者は憧れの存在です。危険なこと以外は、子どもたちが積極的に参加する機会をつくりましょう。子ども自身が行ってくれたことに対しては、言葉で感謝を伝えます。子どもの小さな気付きや行動を見逃さず認めていくことは、子ども自身の喜びややる気へとつながります。

point

やりたいことから必要なことへ

当番活動は子どものやりたいこと（気持ち）から始めるとよいでしょう。子どもたちの行動や日々の話合いの中で活動内容を変化させたり、生活の中での必要なことを考える機会をつくったりして、当番に取り入れましょう。

自分のことばかり主張する子へ
どんな対応をすればいい?

自己主張が強く、なかなか折り合いが付きません。どうしたら、双方が納得できるのでしょうか?

【4、5、6歳頃】

子ども

> 一番前に並びたい!
> B君と手をつなぎたい!

なぜだろう? 保育者のギモン

自分がやりたいこと(いいと思ったこと)は決して譲ろうとしません。どうしたら納得できるのでしょうか?

お答えします! 解決の糸口

その子の気持ちを受け止めつつ、すぐに解決できないときにはその状況をゆっくり話しましょう。一緒にいる子の思いを聞いたり、周囲の子の意見も聞きながら、待ったり、譲ったりできるような解決方法を見付けていきましょう。

保育者

困ったわね、B君に聞いてみようか？

子ども

帰りなら手をつないでもいいよ！

強い思いから周囲の話を聞く状況でないときには、あえてゆっくりした口調で一呼吸置くよう心掛けましょう。すぐに納得できないときには、少し時間をおいてみることも必要です。

頑なになっている子に対して、言葉だけで納得させようとするのは、逆効果になってしまうことがあります。

NG

葛藤場面を大切に

思い通りにならず葛藤する場面に出合ったとき、どうにもできない気持ちを抑え込むのではなく、これなら譲ることができるという小さなきっかけを見付けていくことが解決の第一歩となります。

Point

自分の世界を広げる

「こうでないと！」というように、自分の世界しか見えていない子には、いろいろな友達の考えに触れる機会を多くつくっていきましょう。一緒にいて楽しいと思える友達の存在は、子どもの世界を広げてくれます。

13 思いやりを育てるには何が大事でしょうか？

【 3歳頃 】

興味をもったものを何でも独り占めしたがる子がいます。なだめたり、みんなが困ると強く伝えたりしてもどんどん頑なになってしまう子に、どうしたら相手の気持ちになって考えることができるようになってもらえるのでしょうか。

子ども

ぼくが使うの！

保育者　子ども

保育者：A君、B君も使いたいって
　　　A児：いや
保育者：B君、貸してって言ってみたら
　　　B児：貸して　A児：だめ
保育者：一緒に使うと楽しいよ
　　　A児：ぼくがやるの！
保育者：(Bに)使ってないのにね
　　　(Aに)みんなのものだよ

なぜだろう？　保育者のギモン

持っているだけであそばないなら意味がないのに、A君はわがままで、B君が可哀想。A君にどう言ったら自分勝手な気持ちを見つめ直し、他の子の気持ちを考えるようになるのでしょう。

お答えします！　解決の糸口

A君は悪いことをしていると決めつけていませんか。A君の気持ちに寄り添っているでしょうか。まず、A君が何が好きで、どうしたいのか、A君の気持ちを汲み取って保育者が代弁してみましょう。それを聞いたB君は、A君の思いに気付くのではないでしょうか。

> **保育者**
>
> A君、たくさん集めたね。
> A君は乗り物が好きなのね

> **保育者**
>
> その中で、一番好きなのはどれか教えて

「いっぱい集めたねえ」と笑顔で驚きながら掛けた先生の言葉に、「えっ、怒らないんだ」と子どもが感じた途端、心を開きます。「この中でどれが一番好きなの？」と聞くと、貸してもらえないB君も「ぼくはこの新幹線」「A君は？」などと言って、気持ちのキャッチボールをしようとします。そのとき、A君の心がほぐれて、固まっていた肩や腕も力みが取れてくることでしょう。「全部」と言ったとしたら、「えーっ」と笑いが生まれることでしょう。

幼児のどんな行動にも、その子どもの思いがあります

行動が社会的に良いか悪いかではなく、その子どもがどうしたいのか、気持ちを肯定的に受け止めましょう。子どもの行動を保育者が否定的に捉えると、周りの子どもも同じ感情をもちます。肯定的に捉えた言葉や表情は、「貸してくれない」とつまらなく思っている子どもも、その子の思いに気付きほんの少し、思いやりが育ちます。

Point

小さな育ちの芽を見逃さないように

衝動的に行動してしまう子どもが、少し立ち止まることができたとき、体に触れながら笑顔でその行為が「〇」であることを伝えます。自分が肯定されている場面が、少しずつ分かるようになるとともに、周りの子どもにその子への理解と思いやりが育ちます。保育者は子ども一人ひとりのよさや特性を理解して、小さな育ちの芽を見逃さないようにしましょう。

14 善悪の判断をできるように なるためには?

やっていいことと悪いことは、どのように教えるとよいのでしょうか?

【 全年齢 】

保育者

いけないって言ってるのに、
何度も同じことをしちゃうのは
どうして?

子ども

Aちゃんが私のお絵描きに
ぐちゃぐちゃ描いたー

なぜだろう? 保育者のギモン

Aちゃんもお絵描きができるように
してあるのに、どうして、お友達の
紙に描いちゃうのでしょうか。

お答えします! 解決の糸口

信頼できる大人との愛着関係が形成
されることにより、自己発揮し認め
られる経験を重ね、自己肯定感を獲
得します。次第に周りを意識し、他
者の存在や気持ちに気付くようにな
り、自分の気持ちに折り合いを付け
られるようになります。

保育者

このりんご赤くて美味しそうね。
先生も食べたいな

子ども

じゃあ、先生の分も描いてあげる

ほめるときには、具体的にどういうことについてほめられているのか、注意されているときにはどの行為がよくないのか分かるように伝えます。「いいね」「だめよ」だけではない伝え方を心掛けてみましょう。

してしまった行為について言葉を選びながら注意し、その子の存在を否定することは決してしないようにします。また、大人の都合で良し悪しを決めないようにしましょう。

NG

子どもの姿と心に寄り添って

その行為に至るまでの経過を把握し、子どもの思いに寄り添います。危険を伴う行為であった場合には、行為に至る前に、回避できる方法を一緒に考える機会をもつようにしていきます。その後、あそびや生活の経験から社会性、道徳性が育まれ、次第に子ども自身で善悪の判断ができるようになります。

Point

子どもが社会性を育む最初の1歩

信頼できる大人の存在が、子どもの育ちを支えます。子どものまなざしをしっかり受け止め、あふれる愛情を込めて語り掛け、子どもが安心して伸び伸びと育つ環境を心掛けていきましょう。

クラス運営で大切なことは?

担任になって、クラスを引っ張って、子ども同士の関わりも深めたい。気が付くと大きい声で否定的な言葉を何度も言っている気がします。子どもが友達のいけないことを見付けて非難することがよくあり、気になります。人との関わりを育むクラス運営で、大切にすることは何でしょう?

【 3歳以上 】

保育者

お部屋の中で水であそんではいけない約束でしょ!

子ども

あーいけないんだあ!
先生またやってるよー

なぜだろう?

保育者のギモン

一人ひとりのよいところを見ようとしているのに、困ったところばかりが目についてしまいます。一人ひとりを認めたいのに、注意ばかりしてしまうのは何故だろう。

お答えします!

解決の糸口

「クラスがまとまる」ということにこだわって、急いでいませんか。子ども一人ひとりの興味・関心に対して、それが失敗でも困りごとと思えることも、まずは、ありのままに受け止めましょう。

保育者

> お水、気持ちいいね。外に行って
> 水あそびしようか！

子ども

> ぼくも行く！
> この牛乳パック
> もっていかない？

子ども

> 行く行く！

子どもの思い（興味・関心）を受け入れて、次にどうすればよいか提案したり、一緒に考えたりしましょう。そのとき、周りの子どもに視線を向けたりするとよいでしょう。

焦った感情をそのままに子どもの行動を否定したり、ただ中止させたりしてはいけません。しかも語気が強く声も大きくなっていると、その様子を周りの子どもが見ているので注意しましょう。

NG

Point

一人ひとりが大切にされている実感をもつ

クラス運営において、大切なのは保育者と一人ひとりの子どもとの信頼関係です。幼児の場合、望ましい行動ばかりをすることは滅多にありません。子どもたちは、どのような言動も頭ごなしに否定されては、大切にされている実感は湧きません。失敗のときでも、ありのまま受け入れられて初めて、信頼関係が生まれます。

誰もが助け、助けられる関係性を育む

保育者と一人ひとりの子どもの間に信頼関係が生まれると、子ども同士が安心の中で、互いを肯定する絆が生まれます。仲間のよさを認める気持ちが芽生え、仲間が困っているとき、助けようとする思いが素直に現れます。こうして助け、助けられる関係性が育まれ、心が通い合うクラスが運営されます。

「きまりは守るためにある」と思います。乳幼児にきまりの大切さを感じられるようにするためには、どのようなことが大切ですか?

【 2歳以上 】

保育者

片づけをしておやつにしましょう。おもちゃは、入っていたところに戻そうね

保育者　　　　　　　　　子ども

「はーい」と少しは行うが、またあそび出す子、テーブルに向かって行ってしまう子…。
「えー、お約束は?」

なぜだろう？ 保育者のギモン

「片づけをしてから集まる」というきまりを何度も伝えています。仕分けが一目で分かるように印もあるし、すぐそばにあるのに、返事だけして、続けてやってくれません。どうしたらきまりを守る子になるのでしょう。

お答えします！ 解決の糸口

「きまりだからやらなくてはならない。やらないのは、ダメなこと、悪いこと」と決めつけて注意していませんか。行いを正すより、やりたくなる言葉掛けや援助、一緒にやってみるなど、片づけを行いたくなる工夫をしてみましょう。

（保育者）

あら、このブロックさん、お家に帰ってないね、お家はどこかな？

（保育者）

わーみんな帰れたね！　よかったね。また使うとき出してあげようね

子どもが自主的にやりたくなるような言葉掛け、少しでも自らできたことへの称賛、きまりを守ったときの心地よさなど、「できたからこんなよいことがある」と目の前にあるものを通して具体的に話しましょう。

「きまりを守らないのは悪い子」「○○ちゃんはやっているのにねえ」といった否定や比較するような対応は、自主性を育まないだけでなく、しない子を悪者にして仲間形成を阻害します。

NG

きまりを守らない場面に出合う

きまりを守ってない場面に出合うと、守っている子どもを引き合いに出して、きまりを守らせようと焦ります。きまりを守る、守らないの前に、園生活を一人ひとりが楽しんでいることが大切です。互いの比較ではなく、「Aちゃんえらいねえ。じゃあ一緒にしようか」など、よいモデルになってもらい、互いを認め合う文化をつくっていきましょう。

Point

きまりを守ると
楽しく生活できることの実感

「おもちゃも決まったお家にいるとうれしそうね。また明日もあそべるね」などとみんなでできたことを喜び共有し合い、きまりの意味を肯定的に理解することを積み重ねていきます。そうして、園でのきまりや生活習慣を互いに身に付けた仲間となって、心を通わせていきます。まず、保育者がモデルとなり、子どもと一緒に行っていくことが大切です。

協同性はどのように育むと
よいのでしょうか?

量や時間で区切って行うやらされる協力ではなく、それぞれの子どものよさや得意を持ち寄って助け合う協同性を育むには、どのようなことが大切ですか?

【 5歳頃 】

保育者　子ども

> 保育者:誰かと一緒に掘ったら?
> A児:いいの

子ども

> B児:ねえ水汲んできた!
> A児:あっ、ここに入れて

なぜだろう?

保育者のギモン

頑張っている様子なので、誰かに手伝ってもらったらいいのに、と思って声を掛けたけれど、その必要はないと言います。他の子の発想で提案したことは、すんなり受け入れたのは何故だろう。

お答えします!

解決の糸口

自分のやりたいことを1人黙々と行っているとき、声を掛けるなら今を肯定することが大事です。この子どものしていることに触発され反応して友達のイメージがつながったとき、「協同が始まったかも」と見守ることも保育者の援助になります。

保育者

わあ、たくさん掘れたねえ！

B児：ねえ、水汲んできたよ
A児：サンキュー！ここに入れて

子ども

子どもが始めたこと、しかも熱心にしていることを、そのまま肯定する言葉と表情を送りましょう。子どもの安心が膨らみ、次の展開への架け橋になります。

「一緒にやればいいのに」「なんで1人でやってるの？」「A君1人でやってるよ」。このような言葉掛けは助けているように見えますが、否定的で、強制的にもなります。

NG

自己発揮と友達と協力することの両軸が重要

「こうしたい、いいこと考えた」という興味・関心から自己発揮する子どもの行動は直線的で、危なく見えたりもします。心が強く動いていることを理解して、見守る姿勢を大事にしましょう。それぞれが自己発揮しながら子ども同士の共感が生まれ、協力する土壌が培われます。そうしてイメージを共有し合いながら仲間との協同が育まれていきます。

Point

友達との関わりの中で様々な体験を重ねる

鬼ごっこ、ボールあそびなど、ルールのあるあそびで勝ち負けを経験してルールを変えたりつくり出したりする中で、意見を出し合ったり、トラブルになったり、どうしたらいいのか考え合ったりします。友達と関わり合うことで、皆のイメージした目的に向かい自己発揮と自己調整しながら何かを完成させる喜びを、皆で味わうことができるのです。

18 障害のある子どもと共に生活する上で大切なことは?

障害のある子どものいるクラスで、人との関わりで大切にすることはどのようなことでしょうか?

【 3歳以上 】

子ども

Aちゃんがまたこわした!

なぜだろう? 保育者のギモン

友達が使っている積み木を倒したり、三輪車のスピードを出してぶつけたりすることがよくあります。危険なことや友達が嫌がっていることを繰り返し伝えています。「分かった」と言うのですが、やめません。

お答えします! 解決の糸口

心配な出来事が起こる前に、その子に分かりやすい言葉やしぐさなどで働き掛け、未然に防ぎます。そして、すぐにほめることで、その子自身もほめられてうれしく、周囲の子どももプラスに受け止めることができます。

（保育者）

> Aちゃん、ブレーキ！

（保育者）

> Aちゃん、ナイスブレーキ！

衝動的な行動になりがちな子どもの場合、出来事が起こる前に働き掛けることが重要です。ここでは、積み木を倒しそうな状況で働き掛けています。

何度言っても行動が変わらないと感じるときには、その子にとって保育者の働き掛けが分かりにくいのではないかと考え、見直してみましょう。障害などの特性により、保育者が諭す長い話が理解しにくかったり、相手の表情と気持ちを関連付けて捉えることが難しかったりする場合もあります。

その子の障害の特性や状況に合った方法で働き掛ける

その子にとって理解しやすく心地よい働き掛けを見付けましょう。例示では、衝動的な行動になりそうなときに「ブレーキ」という短い言葉を使い、行動を止められたときに「ナイスブレーキ」という言葉と笑顔での「ハイタッチ」という行動をセットにしています。保育者の言動は周囲の幼児のモデルになり、プラスの働き掛けが広がります。

Point

一人ひとりが安心して自分を出せるクラスに

一人ひとりの好きなことやよさを保育者が認め、障害のあるなしにかかわらず誰もが自分らしさを出せるクラス集団であることが大切です。その上で、障害のある子どもの好きなことを生かして、その子と保育者が一緒にあそびを始め、他の子どもが参加してくるような状況づくりも有効です。互いの好きなことやよさを知る機会になります。

19 外国にルーツのある
子どもへの支援は？

外国にルーツのある子どもが入園しました。日本は初めてとのことで言葉も分かりません。他の子どもと仲よくなるには、どのようにしたらよいでしょうか？

【 3歳以上 】

子ども

……

なぜだろう？

保育者のギモン

言葉も分からず、不安そうにしています。他の子どもがあそびに誘っても動きません。そばにいたりゆっくり話し掛けたりしてみるのですが、あまり反応がありません。どうしてあげたらよいのでしょうか。

お答えします！

解決の糸口

まず、保育者が安心できる存在になりましょう。笑顔で一緒に過ごしながら、その子の関心のあることを見付けたり、友達のしている簡単で楽しめるあそびに一緒に参加したりしてみましょう。

保育者

Bちゃん、一緒にやろう。入れて

保育者

けん、けん、ぱ。楽しいね

その子が興味のあることややり方が分かりやすいあそびに、保育者と一緒に参加してみましょう。保育者が楽しむ姿や他の子どもと親しく関わる姿は、その子の安心につながります。

一緒に動きながら、やり方を簡単な言葉を添えて知らせます。また、あそぶ楽しさやできたうれしさを、表情やしぐさ、簡単な言葉を添えて大いに共感しましょう。周囲の子どもがその子に関わるモデルにもなります。

その子の母国の言葉や文化への関心を

保育者がその子の母国語や文化に関心をもち、調べたり保護者等に聞いたりしましょう。その中から、クラスの子どもの発達や関心に応じて、掲示や紹介をしたり一緒にあそんだりするなど保育に取り入れてみましょう。
例：挨拶の言葉、じゃんけんなど共通のあそび、食べ物や乗り物、お祭りなどの年中行事、など。

Point

困ったときの発信など生活に必要な言葉を使えるように

日本語への親しみは、保育者との信頼関係を基にあそびや生活を通して無理なく進めていくことが大切です。一方、体調不良や困ったときに使う言葉、体の部位、排泄など生活に関することについては、イラストや写真を用いて伝えたり、その子が発信しやすいフレーズや方法を決めたりし、保育者間で共通理解を図りましょう。

20 小学生とどのように関わる?

小学校の児童と関わることは、なぜ大切なのですか。また、その際に大切なことは何でしょうか?

【4、5、6歳頃】

保育者

小学校のお兄さん、お姉さんとの関わりが大切なのは、なんとなく分かるのだけれど…

なぜだろう?

保育者のギモン

幼児期の子どもにとって、年長者である小学校の児童との関わりが大切であることは、漠然とは分かります。しかし、年長者との関わりであれば、園内でも可能です。なぜ、児童との関わりが大切なのでしょうか。

お答えします!

解決の糸口

子どもの発達や学びは連続しており、幼児期の教育から小学校教育への円滑な接続を図ることが求められています。幼児期の子どもが、児童に親しみや憧れの気持ちをもったり、小学校生活に期待を寄せたりすることが大切です。

交流活動等において、児童との関わり方は一様ではありません。積極的に関わる子もいれば、緊張して受け身な子もいます。その子なりの関わり方を保障し、気持ちに寄り添い、個に応じた援助を心掛けましょう。

活動の内容は、「例年やっているから」と、安易に踏襲しないようにしましょう。子どもに体験させたいこと、活動の「ねらい」を、しっかり考えましょう。

NG

互恵性のある交流を

交流活動等の実施に当たっては、幼児期の子どもと児童の双方に、学びや育ちなどがあることが大切です。事前に、保育者と小学校の教員とで、各々の「ねらい」について話し合うとよいでしょう。

Point

小学校との折衝について

小学校との折衝の仕方も、どのようにしたらよいか悩む点でしょう。具体的な計画は担当者が立てるとしても、最初の連絡は、管理職や主任など経験のある先生に頼むとよいでしょう。全てを1人でやる必要はありません。「組織同士での連携」と考えれば、気持ちも楽になるでしょう。

21 社会とどのように関わる？

幼児期における子どもの社会との関わりとは、どのようなことでしょうか？

【4、5、6歳頃】

> 保育者
>
> そもそも、幼児期の子どもにとっての「社会」って何だろう…

なぜだろう？ 保育者のギモン

「幼児期の終わりまでに育ってほしい姿」にも「社会生活との関わり」という項目がありますが、幼児期の子どもにとっての「社会との関わり」や「社会」を、どう考えればよいのでしょうか。

お答えします！ 解決の糸口

自園の地域の特色等を踏まえて、「子どもの体験をより豊かなものにするもの」という視点に立って、身近な環境を捉え直してみると、場、物、人、ことなど、見えてくる教育的な資源があるはずです。

子ども

本がいっぱい！みんなの場所。
静かにしなくちゃいけないんだね

保育者の捉え方1つで、「地域の資源を知り、活用すること」や「様々な年齢や職業の方と出会うこと」「子どもなりに状況を感じながら対応する体験」などを生み出すことが可能です。

子ども

ここには、絵本を読んでくれる人が
いるんだなぁ

「情報」の捉え、扱いに関して

幼児期の子どもにとっては、直接的・具体的な体験が重要です。しかし、絵本や図鑑、新聞等の紙媒体のほか、インターネットやSNS等の急速な普及により、間接的な情報が日常にあふれています。これらについては、幼児の関心に応じて、体験を補完し、より豊かにするものとして活用することを念頭に置く必要があります。

広い視野でアンテナを張り、今日的な課題や社会情勢等も踏まえて

幼児期の子どもが関わる「社会」には、保護者や各種メディア等を通して、「幼児なりに」出合う事柄も多くあります。SDGs、健康や保健に関わる世界的動向、平和、オリンピック・パラリンピックなどの大きなスポーツイベント等など、幼児の関心に応じて取り入れるなど、広い視野に立った保育を心掛けることが大切です。

point

22 保護者と共に育てるためには?

A児に「もう、あそばない」と言われ、B児がしょげています。A児は相手の気持ちを考えず、強引に接するので、うまくいかないことが多いです。また、A児の保護者に笑顔が少なく、寂しそうに感じますが、どうすればよいのでしょう。

【 全年齢 】

保育者

Aちゃん、そんな言い方したら
Bちゃん悲しくなるわよ

子ども

ママも、誰もあそんでくれない
もん。

なぜだろう?

とても強いのに、上手に人と関われない。こちらもついA児を強く叱ってしまう。どう関わってあげればよいだろう。また、保護者にはどう伝えればよいのだろう。

お答えします!

解決の糸口

A児は誰かに甘えたいのではないでしょうか。自立するには、依存する時期がとても大事です。保育者がまず、子どもの気持ちを肯定的に受け止め、次のステップへ安心して踏み出せるように援助しましょう。

保育者

> Aちゃん、Bちゃんとあそびたいのね。
> 大好きなんだね

保育者

> Aちゃん、Bちゃん、
> 先生も一緒に入れてくれる?

保育者は子どもの言葉、心の代弁者。困った言動を否定せず、心の声を受け止めて代わりの言葉を発してあげましょう。言った人も言われた人も気持ちが解けて、相手を受け入れやすくなります。そうして笑顔が戻ったときには、あそびがつながるように一緒にあそんだり、2人を笑顔で見守ったり、次への足場をかけましょう。

「何でいつもそうなっちゃうの」。これは、あなたはダメな子ですと決めつけることになります。保育者の姿は子どもや保護者にも伝わります。

NG

愛着形成の重要性

そこに帰れば必ず受け止めてくれる人の存在は、乳幼児の発達に大変重要です。家庭にだけ求めるのではなく、園においても、保育者がいつもあなたの味方ですという眼差しと、どんなときもどの子も信じる心をもちましょう。また、子どものよい変化を保護者に伝え、共有しましょう。我が子への愛着関係につながる期待ももてます。

point

幼児期に触れ合ってあそぶ楽しさから育まれる人間関係の発達

保育者が架け橋になって幼児同士が安心の中であそぶと、共に工夫したり、面白い発見に笑い合ったりする中に、自分とは違う相手の考えを受け入れたり、主張を調整したりします。そんなエピソードを保護者に伝え、子どもたちの育ちを共に喜ぶ関係性をもちたいと思います。また、園で保護者と共にあそぶ機会を設けると育ち合いの意味がより伝わるでしょう。

23 順番やあそびのルールを 守るようになるには?

【 2歳以上 】

3歳児で、風船を使ったゲームをしたときのことです。最初にルールの説明をして、ゲームをスタートしました。しかし、1人の子どもがルールを無視してゲームが中断してしまいます。ルールを守らないから他の子もつまらなくなってしまいます。

子ども

せんせーい、Aちゃんが風船
持って行っちゃう〜

子ども

みんなで一緒にやるんだよ！

なぜだろう？

保育者のギモン

あそびのルールを丁寧に知らせて、皆が理解していたのに、いざ始めると、言うことを聞いてくれません。どうしたらよいでしょうか？

お答えします！

解決の糸口

子どもにルールを伝える際、「ルールは守らなくてはいけない」ではなく、「ルールがあると自分も友達も快適で楽しくなる」という考え方を共有することが大切です。友達の話に耳を傾け、自分の考えを伝えられる環境を整えましょう。

保育者

まずはみんな、1人1つ風船持って
あそんでみようか。その後ゲームしよう

子ども

わーい、独り占めもできるし、
みんなでもあそべるのね

「そうか、Aちゃんが風船をもち
たいのね。そして、Bちゃんも風
船がほしいのね。一緒だね」と共
感した上で、（ルールを教えるの
ではなく）自分から相手の思いに
気付けるよう、そっと言葉を掛け
てみます。

「ルールを守らなくちゃだめ
じゃないの！楽しくゲームで
きなくなっちゃうよ」という
言葉掛けはNGです。子ど
もの状況や思いに寄り添うこ
となく、一方的にルールを押
し付けてしまうことは避けま
しょう。

NG

クラスに合ったゲームの進め方を

クラスの成長、子どもの発達の段階など、状
況を考慮してみましょう。最初は、1人1つ
風船を配ってそれぞれが十分風船に触れて風
船の感触やふわふわ感を味わい、満足したと
ころでゲームに切り替えるのも楽しいですよ。

Point

子ども自身の葛藤に寄り添う

2歳児前後は運動面、認知力の成長が著しい
一方、気持ちをコントロールすることはまだ
未熟です。そこで、保育者の受け止めと自分
の気持ちや他者の気持ちに気付く丁寧な関わ
りが必要となります。子どもの行動を肯定的
に見るように心掛け、ルールを守ろうと向き
合う姿勢を見付けたら必ずそれを認め、声を
掛けていきましょう。

けんかへの対応は?

けんかの際、なかなか仲直りができません。どんな対応が解決へとつながるのでしょうか?

【 3歳以上 】

子ども

> B君なんか大嫌い!

えーん!

なぜだろう? 保育者のギモン

物（場所）の取り合いや思い通りにならないことですぐにかっとなり、きつい言葉を投げ掛けたり、手が出てしまいます。話を聞いてもすぐに謝ることができません。どう支援したらよいでしょう?

お答えします! 解決の糸口

まずは保育者が間に入り、子どもが落ち着くのを待ちましょう。双方の気持ちを丁寧に聞き、お互いの気持ちを伝え合うことで、子ども自身が考えられるようにしましょう。

保育者

どうしたの？　どうしたかったの？

子ども

順番で使ったらいいんじゃない？
こっちにもう1個あるよ！

子どもが興奮したり、泣いている
ときにはまずは保育者が間に入り、
膝に座らせたり、背中や肩に手を
添え、話を聞くようにします。双
方の気持ちを分かりやすい言葉で
伝えながら、状況を整理していき
ましょう。また、周囲の子どもた
ちの意見を聞くことは、いろいろ
な考えに触れるよい機会になりま
す。

「ごめんなさい」と言うこと
が解決ではありません。

NG

『ごめんなさい』＝仲直り？

様々な原因で起こるけんかですが、双方強
い思いがあって納得できなかったり、素直
に謝ることができない子もいます。「ごめん
なさい」は気持ちとつながって初めて意味
のある言葉になります。解決を急がず、時
間がたってからでも「さっきはごめんね」
と言い合える姿を大切にしましょう。

Point

友達の姿から考える

成長と共に友達のけんかを止めたり、間に
入って話を聞いたりする子が出てきます。
自分のけんかのときには素直になれない子も、
友達のけんかの姿を見たときにどうしたらい
いかを考えるきっかけになります。周囲の子
をうまく巻き込みながら、仲直りへとつなげ
ていきましょう。

25 人との関わりを育むために
子どもに掛ける言葉で大切なことは?

言葉を獲得する時期の子どもにとって、保育者の言葉掛けの大切さはどんなところにあるのでしょうか?

【 0〜1歳頃 】

保育者

風が気持ちいいのね。
いい気持ちね

保育者

優しいまなざし、柔らかな空間
に言葉の花びらを

なぜだろう?　保育者のギモン

子どもがはじめて出会う「社会」の空気が柔らかく心地よいものであるために、子どもに話し掛ける言葉について、大切にしたらよいことは何ですか。

お答えします!　解決の糸口

産まれてきた赤ちゃんは、快適であるか不快であるかという感覚から身近な大人と愛着関係を育み、やがてその安心できる環境で言葉を得て、伝わる喜びを知ります。言葉がもつ響き、強さ、柔らかさを意識してみましょう。

> 子ども
>
> お友達のがほしいよ

> 保育者
>
> ほしかったのね。　押すのはなしね

乳児期は、人への関心や信頼感が育つ大事な時期です。大人が優しく抱き上げ、あやしたり歌を歌ったりすると、子どもはじーっと見つめたり気持ちよさそうな表情を見せます。安心して過ごせる環境を心掛けましょう。

いけないことをしたとき、「ダメ!」という言葉を「なしね」「なしでね」に置き換えてみてください。伝わり方が違うはずです（是非試してみてください。ただし、緊急を要する事態を除いてです）。

言葉の掛け方（1歳〜）

「ダメ」と言う言葉には、その子ども自身を否定するだけの威力が潜んでいて、心にきつく刺さります。「言われたからダメなんだ」と、考えがその時点で止まってしまうことなく、「自分でどうしたらよいかな」と、考える力を育てていきたいですね。

Point

言葉を掛けるとき、保育者が意識するとよいこと

① 「その言葉は適切かな」。言葉を発する前に思ってみてください。

② その言葉を聞いて子どもがどう感じていましたか。どんな表情をしていましたか（もし、保護者が耳にしたら悲しい言葉ではないですか）。

③ 言葉を丁寧に扱い、子どもの前に差し出していますか?

家庭における子どもとの触れ合いの大切さを伝えるためには?

【3歳児以上】

他者との温かな関係を築くためには、家庭において保護者など身近な人との関わりが基盤になります。子どもが成長してくると、大人のペースが優先になったり動画を見せておくことが増えたりなど、関わりが少なくなりがちな気がします。

子ども

お母さん、今日ね…

保護者

いったい、どうしたのかしら?

なぜだろう?
保育者のギモン

登降園時の親子の様子や家での過ごし方を子どもから聞いたりする中で、家庭で親子の触れ合いが少ないような気がします。どのように保護者に伝えるとよいでしょうか。

お答えします!
解決の糸口

3歳以上児でもスキンシップなどの身体的な触れ合いや、共に楽しむなどの心の触れ合いが大切です。日常生活でできる小さなことを具体的に伝えたり、参観等の機会に触れ合いあそびを行ったりしてみましょう。

子ども

あ、アリさんが運んでる！

保護者

へえ、そう思ったの〜

特別なことでなく、日常生活で気軽にできることを具体的に伝えましょう。
例：子どもの話を受け止めながら聞く（「うんうん、それで？」「へえ、そう思ったの」など）、手をつないで子どものペースで一緒に歩く、足の上に乗せて歩く、簡単な手伝いなど。

自治体の家庭教育支援の一環として、親子の触れ合いに関する専門家が講師登録されていることがあります。専門家を招いて親子体操の時間を設定することなどは、保育者にとっても学びになります。

幼児期という時期限定の楽しみであることを伝える

子どもとスキンシップを楽しんだり、道端の小さな花や空に浮かぶ雲などを新鮮な気持ちで一緒に見たりできるのは、幼児期だからこそ。大人にとっても心豊かになる時間であり、この時期はすぐに過ぎてしまうことを保護者に伝えましょう。また、保育の中で子どもたちと楽しんでいて、家庭でもできそうなことを日常的に伝えることも忘れずに。

Point

フィードバックや共有の機会をつくる

子どもたちとの話の中でお家の人と一緒にしたことや楽しかったと言っていたことを保護者に伝え、共感したり価値付けたりしましょう。また、近所の略図をつくり、子どもと見付けた「小さな発見」を書き込んでもらったり、子どもと楽しむ「お勧めの場所」（家を含む）を伝え合ったりする機会も楽しいものです。

27 帰りの会で伝え合うには?

帰りの会で、その日の出来事を話し合う時間があります。うまく話せなかったりすぐに飽きてしまったりします。伝え合えるようになるには、どうしたらよいのでしょうか。

【 4、5歳頃 】

子ども

あのね、ここがね、こうなるの

保育者

みんな、聞いて

なぜだろう？ 保育者のギモン

みんなの前で話すときに、分かりやすく丁寧な言葉で話せるようになってほしいのですが、話が続きません。うまく伝わらないからか、すぐにざわざわしてしまいます。

お答えします！ 解決の糸口

「伝えたい！」と思うことを、その子なりの言葉や表現で伝えようとすることを大切にし、保育者が補いながら進めましょう。

子ども

ここがね、こうやって動くんだよ。
サンタさんも入れるよ

子ども

え、どうなってるの？
やってみたい！

「本当、面白いね。煙突にふたがついているんだね。Aちゃん、何を使って作ったの？」など、話したい子どもの気持ちや話したい出来事について、言葉を補いながら進めます。

聞いている子どもの関心を受け止め、話している子どもから言葉を引き出しながら、聞き手が自分の体験や関心のあることに引き寄せて聞けるようにすることもポイントです。

心が動く出来事を大切に

「誰かに伝えたい！」。そう思う出来事はありましたか？保育者の決めたテーマや型通りの話し方を求めるのではなく、あそびや生活の中で伝えたいと思った出来事について、タイミングを逃さず話題にしましょう。集合時の伝え合いの基盤は、安心して話すことができる関係性や、様々な場面でおしゃべりを楽しむ体験の積み重ねです。

Point

その子なりの表現を大切に

言葉の発達は個人差が大きいものです。その子なりの言葉や身振り、作ったものを見せながらなど、様々な表し方を大切に受け止めましょう。伝えたいことを汲み取り、保育者が言葉を補ったり質問したりしながら、聞いている子どもたちとの橋渡しをします。伝わったうれしさが、次の「伝えたい」「聞きたい」につながります。

28 共同のものを大切にし、みんなで使うには?

遊具や道具の取り合いが多いので、じゃんけんで決めたり時間を決めて交替したりするなど、公平に使えるようにしています。みんなのものを大切にするようにいつも伝えていますが、使ったあとはそのままになりがちです。

子ども

A児：私が先にとった！
B児：いつもAちゃんばっかり
　　　使ってずるい！

保育者

またけんかしてるの？
あそぶ時間、なくなっちゃうよ

なぜだろう？
保育者のギモン

みんなのものは、大切に仲よく使えるようにしたいのですが、取り合いやけんかが絶えません。どうしたらよいでしょう。

お答えします！
解決の糸口

取り合いは、使いたいという気持ちの表れです。発達に応じて、ものへの愛着を育んだり、みんなが好きなものをどうやって楽しく使うかを一緒に考えたりすることが、「共同のもの」への意識を育むことにつながります。

保育者

Aちゃんも、Bちゃんもスクーター
大好きだね。どこが楽しいの？

子ども

A児：ビューンって走るところ
B児：曲がるときが面白い
AB児：じゅんばんこにする？

それぞれの使いたい気持ちを聞いたり共感したりして、互いの思いに気付いたりそのものの面白さを改めて感じたりできるとよいですね。自分たちで順番を考えたり、考えたことを実行したりすることも大切です。

けんかになっているという状況だけを取り上げて否定したり、いつもジャンケンで決めるなど、解決の方法を固定化したりしないようにします。

NG

Point

ものへの愛着の体験が大切

ものを大切に使ったり、友達も使いたいという気持ちを受け止めたりするためには、遊具や用具などを十分に使ってあそび、楽しさやものへの愛着を感じる体験が重要です。また、保育者自身のそうした姿が子どもたちのモデルになることを意識して行動してみましょう。

一緒に使えて楽しかったことへの
共感、確認を

一緒に使う方法を保育者と一緒にまたは友達同士で決めて行ったときには、経緯をよく捉えておきます。そして、一緒に使えて楽しかったことを共感し、確認します。こうしたことがみんなで一緒に使うと楽しいことや、共同のものを大切に使うことのよさを感じることにつながります。

29 自立心の必要性とは?

人と関わるために自立心が必要なのはなぜですか?

【 全年齢 】

保育者

> このままでいいのかしら…

なぜだろう? 保育者のギモン

甘えが強く、保育者のあとを追いかけてくるような子どもがいます。不安が強いのかもしれませんが、このままで友達とあそべるようになるのでしょうか?甘えさせたままでよいのか迷っています。

お答えします! 解決の糸口

保育者にこのような迷いがあることで、子どもは保育者が離れてしまうのではないかと不安に感じて、ますます離れられなくなることがあります。まずは安心感を与えることが先決です。大丈夫だよとしっかり子どもの気持ちを受け止めることです。安心感があれば友達にもきっと関心が向いてくるでしょう。

保育者

先生ここにいるからね

いつでも助けてくれる、という安心感があって初めて自分から周囲の人やものといった環境に目が向き、関わろうとする気持ちが芽生えます。不安を抱いている様子のときは「ここにいるよ、大丈夫だよ」と声を掛けていきます。

いつまでも甘えていてはダメと叱ったり、無理矢理に離そうとすると逆効果になります。常に不安感があるとあそびにも集中することができず、自立にはほど遠い状況になってしまいます。

NG

安心感から生まれる自立心

いつでも自分を認めてもらえる安心感があるからこそ、自立心が育ちます。自分でやりたい、やってみたいと思えるのは自分なら大丈夫だと思えるからです。「保育者・保護者から認められている」と思えることが自立心につながります。

Point

自分でやりたい気持ちをしっかり受け止める

イヤイヤ期と呼ばれる2〜3歳児の頃、甘え（依存）と自立を繰り返しながら、大きく成長します。自分でやろうとしたこと、頑張ったことを認め、励ましていくことが大変重要です。できたことをほめるのではなく、やろうとした意欲を認め、大きくなったことを一緒に喜ぶ姿勢を大事にしましょう。

30 自立心を育むには?

友達との関わり通して、自立心を育むためにはどのようにしたらよいでしょうか?

【 全年齢 】

保育者

もっと集団での関わりを深めるためには、どうしたらよいのかしら…

出発ー!!

なぜだろう？ 保育者のギモン

自立心を育むために、保育する上でどのような体験をさせることが必要でしょうか？

お答えします！ 解決の糸口

保育者や子ども同士の関係の中で、「認められること」で自信を付けていく経験が自立心につながります。「自分はできる」「自分からやってみよう」という気持ちが出てくるためには、保育者との信頼関係を土台として集団の中でみんなと協力して行う体験やその中で自分の役割を果たそうと思うことが必要です。

子ども

A児：ぼくは運転手やりたい！
B児：改札どこにする？Suica作らないと！
C児：駅には何があるんだっけ？

電車ごっこの相談

電車はどこから出発するの？

保育者

一人ひとりがどんなことに興味をもってあそびに取り組んでいるのか、誰と誰が関わってあそんでいるのかなどよく観察しましょう。場づくりや教材を十分に用意し、あそびが展開することでそれぞれの発想が生かされ、多様な関わりが生まれます。

一人ひとりの状況を把握せずに、一緒にあそばせようとしたり、保育者があそびをリードしすぎると子どもたちの発想やアイデアが生かされないので、あそびが広がらず、望ましい関わりも生まれません。

NG

あそびや生活の中で 人との関わりが深まる

毎日のあそびや生活で、いかに人と関わるかが大切なことです。頑張ったことや人の役に立つ体験を保育者・保護者、友達から認められることが自信につながります。トラブルのようなマイナスな体験も重要で、友達の気持ちが分かったり、思いやりの気持ちをもつことにもつながっていきます。

Point

友達と認め合うことで できる連携や協働

友達と認め合うことでできる連携や協働により、信頼関係は生まれてきます。保育者がいつも子どものよさを認めようとすることが子どもにも伝わり、子ども同士のつながりが深まっていきます。その中で自分に何ができるか、何をするべきなのかを考えたり、やり遂げようとしたりすることも大切な体験になり、自立心を育むことになります。

保護者に伝える

保育を通してつながりを ①

　降園時のお迎えのとき、あるいは面談のときなど、家庭での様子や保護者の心配ごとなどを聞いたり、園での姿から育ちを伝えたりして、「先生は子どもをよく知っていてよく見てくれている」という安心感から信頼関係が育まれます。日常の交流による家庭と保育者との信頼関係が、子ども同士のトラブルがあったときに力を発揮することになります。

　園という社会の中で、「自分はこうしたい、これが好き、これがほしい」と自我が元気に躍動すると、自我と自我がぶつかり合います。そこで、「ダメ」と言ったり、実力行使もあり、時には相手を泣かせたり、泣かされたりします。集団生活が始まったからこそできる経験であり、自分と同じように、あの子にも好きなこと譲りたくないことがあることを知り、他者を理解し共に生活する楽しさを感じ始めます。「仲よく」の心も、言葉ではなく経験から育まれるのです。そのために保育者は、トラブルの行動を咎めるよりも、寄り添い気付きへの穏やかな援助と、怪我や事故につながらない環境に配慮しなければなりません。しかし運悪く、怪我をすることもあります。

　我が子の外傷も心の痛みにも、保護者は同じように心痛むものです。同様にしてしまった子どもがある場合、その保護者も胸を痛めています。まずは保育者の不行届きと心配をかけたことをお詫びしなければなりません。そして、ことの経緯の事実を、その後とった保育者の行動、それによって生まれたクラスの子どもたちの行動や言葉、そこにあるそれぞれの育ち、クラス全体としての成長、今後の明るい展望を語りましょう。トラブルは全く望まないものではなく、ここまで発達してきたからこそ、またその成長の途上に、あるべくして起こることでもあることを、どちらの肩をもつことなく、たとえ上手でなくても保育者の真摯な言葉で伝えましょう。そこから育ちの意味を汲み取ってもらえたら、これまで以上に保護者からの信頼は高まり、クラスや園の力強いサポーターとなってくださるのではないでしょうか。

第 2 章

「豊かな人間関係をつくる」アイデア ㉟

あやしあそび

| 想定年齢 | 0歳〜 | 実施人数 | 1人 | 所要時間 | ゆったりのんびり |

あやしあそびとは、大人と子どもがゆったり向かい合ってすごすひとときのことです。生後6〜7週、大人が子どもの顔を覗き込んであやすと口を開いて、手足をパタパタさせて反応します。この笑いの表情は、単なる生理的な笑いではなく社会的な笑いの始まりと考えられています。

準備するもの **ゆったり安心できる環境**

あそびかた

寝ている子ども、もしくは抱き上げて。20cmくらいの距離で目を合わせてあやします。この距離は、ちょうど子どもが焦点を合わせられる位置であり、哺乳しているときの母親の顔がある距離と言われています。

次第に首がすわってきて、あやされて声を出して笑うようになる頃には、笑いながら手を開いたり閉じたりするようになります。

あやしながら玩具を見せたときに、手を伸ばしてくるようになってきます。自発的に玩具をつかむことはできなくても、大人が音の出る玩具を握らせてあげると、揺れた拍子に音が鳴ることで、喜んで楽しむ姿が見られます。

玩具は握りやすいものを準備してみてください。短い時間でも握って、大人のあやしに喜んで、あそぶことができます。

4か月頃になると大人の動きを目で追いながら、あやしてほしそうに発声する姿が見られるようになります。

4か月半頃から、目と手の協応が始まり、大人があやしながら玩具を見せると、それに手を伸ばしてくるようになります。

2

好きなものに関わりながら人と出会う—手づくりの玩具から

1歳児の子どもは、大人（特に一番近くにいる両親や保育者）の姿を真似します。子どもが真似をして楽しいあそび、次に1人でできて楽しいあそび（1人でできたという達成感が得られるような配慮）、その次に友達と関わるきっかけになるあそびを紹介します。

準備するもの **ガムテープなどの芯（直径8cm、高さ5cm位）、鈴など音のするもの、きれいな紙、透明なテープ**

あそびかた

＜コロコロローラーのつくり方＞

・ガムテープの芯（硬くて丈夫です）を用意します。

・中に鈴を入れて、底ふたの両面をきれいな紙で閉じます。

・全面を透明なテープで、巻いて固定してできあがり。

＊月齢によって大きく成長段階が違う乳児に、おすすめの玩具です。

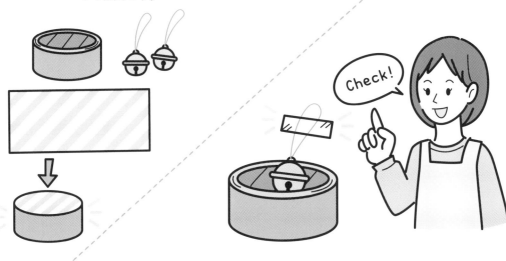

中に入れる鈴が出てきてしまうと誤飲の恐れがあるので、鈴に糸を付けて内側底辺にしっかり貼り付け、外側からも開けられないようにとめておくようにしましょう。

この玩具は、次の成長段階になると、玩具を通して友達と関わるきっかけになる場面が見られてきます。一緒に音を鳴らしたり、転がしたりして、友達と一緒に楽しめます。また、お皿に乗せてケーキに見立て、ごっこあそびへ展開する様子も見られます。

保育者が積み上げたものを子どもが崩してしまう場面があります。それも子どもにとっては、大人と関わるあそびの1つです。やり取りを楽しみながら、タイミングを見てコロコロローラーを1つ渡してみてください。子どもが自ら積み重ねたら、きっともう1つ積み上げたくなります。

最初は子どもに優しく語り掛け、感触、色、形などを楽しみます。保育者が玩具を積み重ねるなどして見せると、その動作を真似ようとします。子どもが興味をもって自分であそび始めたら、そっと見守りましょう。

＜おすすめ理由＞
扱いやすい重さ（軽さ）、つるつる感触、カラフルな色彩
静（重ねて）：円柱状で安定感がある
動（転がして）：柔らかい動き、友達と楽しめる
振（振って、聴こえて）：自分が動かした分だけ音がして楽しい

3

伝承あそびから「あぶくたった」

ストーリーを皆で共有して、イメージを膨らませてあそびます。①お話の世界を共有し協力して進める、②話の流れに沿ったルールや歌、掛け合いの言葉を楽しむ、③想像力を刺激する、④追いかけっこで思いきり体を動かすなど多くの機能を使います。

準備するもの **子どもたちが走り回れるスペース**

あそびかた

あずき役の子ども、もしくは保育者が真ん中でしゃがみ、そのまわりを皆で手をつないで輪になって囲みます。歌に合わせて歩きます。友達と手をつないで、丸くなって歩くことは、「歩調を合わせての横歩き」「歌を歌いながら歩く」など、様々な機能をコントロールすることが必要となります。

♪「あーぶくたったにえたった、にえたかどうだかたべてみよ。むしゃむしゃむしゃ」「まだにえない」「もうにえた」♪

「とだなにしまっておこう」

「かぎをかけてがちゃがちゃがちゃ」

ストーリーに沿ってあそびを進めていきます。小豆を戸棚（隅のスペース）にしまって、その後、「とんとんとん」「なんのおと?」「〇〇（おばけ以外）の音」「あーよかった」という掛け合いを楽しみます。あずき役が創造力を駆使して何かの音を答えることや、ワクワクする気持ちを共有します。

「**むっくりくまさん**」：小さい子におすすめ。
「**オオカミと７匹の子ヤギ**」ごっこ：ストーリー、セリフを楽しめます。
「**ハンカチ落とし**」：丸くなった隊形のゲーム。より高度なルールの理解力、注意力、運動機能が必要になります。幼児クラスにおすすめです。

やり取りにドキドキしてしまう子どももいるかと思います。最初は見るだけでも十分です。繰り返すうちに全体の流れが分かってきて、やってみたくなってきます。

3 何度かやり取りを繰り返し、最後にあずき役が「おばけ！」と答えたところで、皆が逃げます。
あずき役が追いかけ、全員つかまったらおしまい。

個々の成長段階に合わせて、保育者が援助して楽しみましょう。 **4**

4 人をつなぐ「もの」：なりきり、場づくりアイテム

想定年齢 2〜4歳頃

色画用紙でおめんをつくり、好きな動物に変身します。子ども自身で場をつくり、なりきってあそびます。

準備するもの　おめんバンド（色画用紙、輪ゴム、カラーポリ袋、平ゴム5mm幅）
ついたて（段ボール、カラーガムテープ）

あそびかた

1

動物（耳）

なりきりアイテム

輪ゴムをつける時ホチキスを使う際には必ず針先が外側に向くようにしましょう

色画用紙　**お面バンド**

耳

仕上げには針の部分にテープを貼るといいでしょう

新聞広告などの紙をまるめカラーポリ袋をかぶせる

完成

平ゴム

耳としっぽでかわいい動物に変身
リボンをつけたり、模様をつけたり

動物（しっぽ）

2

保育室の中にあそびの世界を広げ、自分たちの場をつくれるような、固定的ではないアイテムがあるとよいでしょう。段ボールは手に入りやすい素材の1つです。

いろいろな高さ・長さを用意することで、イメージに合う場をつくれるようになります。テープで固定せず、洗濯バサミなどを使うことで、自分たちで調節できる場づくりの楽しさにつながっていきます。

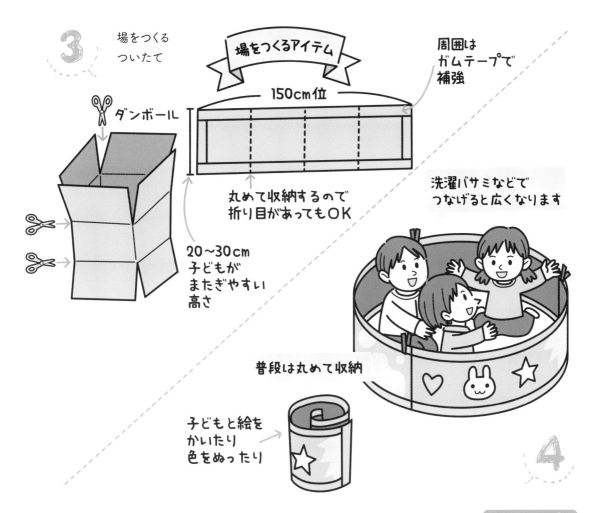

3 場をつくる ついたて

場をつくるアイテム

ダンボール

150cm位

周囲はガムテープで補強

丸めて収納するので折り目があってもOK

20〜30cm 子どもがまたぎやすい高さ

洗濯バサミなどでつなげると広くなります

普段は丸めて収納

子どもと絵をかいたり色をぬったり

4

5

友達との関わりを広げる：1.もうじゅう狩り
2.まほうのじしゃく

| 想定年齢 | 3、4歳頃〜 | 実施人数 | 10人〜 | 所要時間 | 約15分 |

保育者の言う猛獣の文字数と同じ人数の友達が集まり、手をつなぎます。いろいろな文字数の猛獣が出てくることで同じ数の友達を探し、声を掛け合いながらクリアしていく楽しさが味わえます。

あそびかた

1. もうじゅう狩り

保育者：「もうじゅう狩りに行こうよ！」　　　膝を叩きながら
子ども：「もうじゅう狩りに行こうよ！」

保育者：「もうじゅう狩りに行こうよ！」　　　膝を叩きながら
子ども：「もうじゅう狩りに行こうよ！」

保育者：「もうじゅうなんて怖くない！」　　　首を振る（手振りつきで）
子ども：「もうじゅうなんて怖くない！」

保育者：「鉄砲だって持ってるし！」　　　親指、人差し指を伸ばして鉄砲のポーズ）
子ども：「鉄砲だって持ってるし！」

保育者：「槍だって持ってるし！」　　　槍を遠くに投げるポーズ）
子ども：「槍だって持ってるし！」

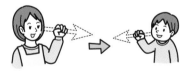

保育者：「あっ！」　　　遠くを指さす
子ども：「あっ！」

保育者：「ぞ・う」（2人で手をつないで座る）　　「ま・ん・と・ひ・ひ」（5人で手をつないで座る）

慣れてきたら何人でも、人数を増やします。また、どうやってくっつけるかなど、子どものアイデアを取り入れると面白くなります。

うまく友達の中に入れない子がいるときには、どうしたらよいか、周囲の子に意見を求め、子どもと一緒に考えていけるようにしましょう。

2. まほうのじしゃく

ひとりでパチン

保育者：「ちいさなじしゃくがくっついた！」

みんな：　（パチン）　＊手を合わせる

保育者：「○○と○○がくっついた」

子ども：　（パチン）　＊保育者の言った部分をくっつける
　　　　　　　　　　　　手のひらとおなか
　　　　　　　　　　　おしりと床　　　など

友達とバチン

保育者：「大きなじしゃくがくっついた！」

みんな：　（バチン）　＊大きく手を合わせる

保育者：○○と○○がくっついた」

子ども：　（バチン）　＊友達同士でくっつける

手のひらと手のひら
背中と背中　　　など

6 発表会ごっこ

| 想定年齢 | 3歳頃～ | 実施人数 | 5～10人程度 | 所要時間 | 約30分～ |

行事の余韻を生かし、再現して楽しむあそびです。行事を終えた子どもたちは、満足感や達成感を味わい、友達とのつながりも感じています。楽しかったことを、改めて自分のあそびとして保育者や友達と取り組み、人と関わる経験を豊かにしていきます。

準備するもの **発表会で使ったもの（例：衣装、劇で使った道具、楽器、音楽テープ等）**

あそびかた

1 発表会の翌日、保育室やホールなど、子どもたちがあそぶ場所に、発表会で使ったものを置いておきます。このとき、子どもたちが「またやってみたい！」と思えるような、環境を工夫して設定しておきましょう。

2 興味をもった子どもが、衣装を着て道具を出したり、お客さんが座る椅子を並べたりして、それぞれにあそび始めます。保育者も、発表会が楽しかったという子どもの思いを大切にして一緒にあそびましょう。

低年齢の子どもは、年長児の取組の様子を見て憧れの気持ちをもちます。保育者が連携をとって自然に関わり合えるような環境をつくっていきましょう。発表会に限らず運動会などでも、年長児が使った衣装や道具を年中児に貸したり一緒に楽しんだりすると、多様な関わりが生まれます。

3〜4歳頃の子どもは、やりたい思いがあっても、自分の思い通りにできないもどかしさを感じてしまうこともあります。子どもの思いをじっくり聞いて、受け止めながら他の子の様子にも気付いていくことができるように援助していきましょう。

年長児になると、自分たちであそびを進めようとします。3〜4歳頃の子どもたちには、保育者がそれぞれの思いを聞きながらあそびをリードしていく援助が必要です。発達や状況に応じて援助の仕方を工夫しましょう。

行事の当日とは違う役割に取り組もうとする子どももいます。劇で友達がやっていた役を演じたり、友達が演じる姿を見たりすることで、互いのよさを感じる経験になります。

ビー玉ころがしあそび

| 想定年齢 | 5、6歳頃〜 | 実施人数 | 2〜5人程度 | 所要時間 | 約40分〜 |

コースをつくって、ビー玉を転がすあそびです。分かりやすいので、友達と共通の目的やイメージをもちやすく、思いや考えを伝え合いながらあそびを楽しむ経験ができます。試行錯誤しながら、「友達と一緒だからできた！」と感じられる楽しいあそびです。

準備するもの　ビー玉、ロール芯、ハサミ、セロハンテープ、ガムテープ、カップ、板段ボール、台になるもの（床上積み木、大型積み木、巧技台等）

あそびかた

1 ロール芯をハサミで縦に半分に切り、セロハンテープでつなげていきます。これがビー玉を転がすコースになります。つなげたロール芯を板段ボールに付けます。必要に応じてガムテープを使い、しっかり付けましょう。

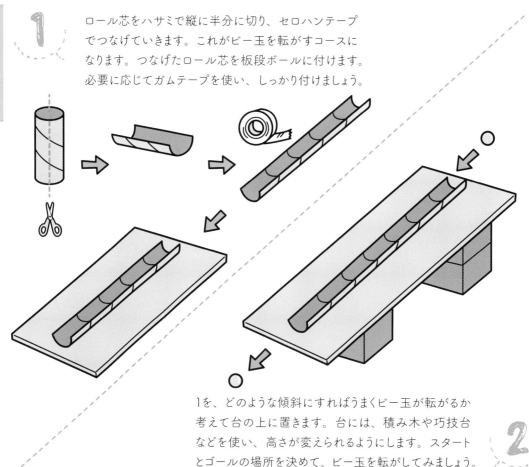

2 1を、どのような傾斜にすればうまくビー玉が転がるか考えて台の上に置きます。台には、積み木や巧技台などを使い、高さが変えられるようにします。スタートとゴールの場所を決めて、ビー玉を転がしてみましょう。

真っ直ぐコースやジグザグコースなど、コースの長さや傾斜の角度を工夫して、様々なコースづくりを楽しむことができます。ロール芯だけでなく、牛乳パックや空き箱、割箸など様々な材料を使ったり、ビー玉以外にどんなものが転がるか試したりしながらあそぶのも楽しいです。

自分が考えたことをやってみようとしたときに、一緒にあそぶ友達とやりたいことや考えが合わないことがあります。互いの思いや考えを知り、友達がやろうとしていることのよさに気付くことができるように、保育者が子どもたちそれぞれの思いや考えのよさを価値付けて認めていきましょう。

ゴールにはカップを置いておき、ビー玉が入るように置く場所を工夫してあそびます。空き箱や卵パックを使っても面白いです。ビー玉の数は、子どもの人数や試しながらあそぶことを楽しめる数を考慮します。

子どもは、繰り返しあそぶ中で、「こんなコースをつくりたい!」とイメージをもって取り組むようになります。保育者は、子どもたちが考えを出し合いながらつくる様子を見守り、あそびが楽しくなるヒントを伝えていきましょう。

8 紙コップピラミッド

| 想定年齢 | 5、6歳頃～ | 実施人数 | 2～5人程度 | 所要時間 | 約30分 |

紙コップをピラミッドのように高く積み上げていくあそびです。思わずやってみたくなる、ワクワクするあそびです。友達の様子を見ながら自分の動きを調整し、友達と協力してあそぶ楽しさや、皆で気持ちを合わせて取り組んでいく達成感を味わえます。

準備するもの → **同じ大きさの紙コップ100個以上、シールや水性マジック、新聞紙**

あそびかた

1 紙コップは、カゴに分けて入れておきます。広い場所であそべるようにしましょう。あらかじめ、見本の紙コップピラミッドをつくって置いておいたり、保育者がつくる様子を見せたりすると、興味をもって取り組めます。

2 高く積み上がっていくと、楽しさが増していきます。取り組む中で、様々な形に積み上げていくことを楽しむ姿が見られることがあります。子どもの考えや友達と力を合わせて取り組んでいる姿を認めていきましょう。

子どもたちの様子に応じて、紙コップの数を増やしていくと、さらにあそびの楽しさが広がっていきます。様々な大きさの紙コップやヨーグルトカップなどでもあそぶことができるので、多様な種類を準備しておくと、子どもたちが自分で選び取ってあそびを創り出していく経験ができます。

積み上げていたものが途中で崩れてしまったり、自分の考えを聞いてもらえなかったりして途中で諦めてしまう子どもがいます。あそび方は単純ですが、慎重さを必要とするため、他のあそびと干渉しないような安定した環境や互いの動きが見えやすい環境を保障していくことが大切です。

 あそびたい子どもが多いときには、相談したり協力したりしてあそぶことを楽しめる人数を考慮するなど、人数と場を分けて取り組めるようにします。

新聞紙を丸めてボールをつくり、積み上げた紙コップに当ててあそぶのも楽しいです。紙コップにシールを貼ったり絵を描いたりして、それぞれに点数を付けてあそんでみましょう。友達と相談してルールを考えます。

9 ドールハウスづくり

| 想定年齢 | 5、6歳頃〜 | 実施人数 | 4人程度 | 所要時間 | 2〜3日程度 |

お家ごっこやお店屋さんごっこなど、楽しんでいるあそびの世界を、友達と協力しながら1つの作品として表現するあそびです。年長児の11月以降の時期に取り組むと、これまでの園生活での経験を生かして取り組みやすいです。

準備するもの 空き箱、段ボール箱、牛乳パック、様々な色や柄のはぎれ布、ボンド、セロハンテープ、ガムテープ、色画用紙、画用紙、色鉛筆、水性ペン、等　その他これまでのあそびで使ってきた材料

あそびかた

1 友達と相談して何をつくるか決めます。パン屋、猫のレストラン、魔女のお家等、具体的なイメージを出し合えるようにします。イメージ図を絵で描いておくと、子どものイメージや考えを共有しやすいです。

どのくらいの大きさのドールハウスにするか、どの材料を使ってつくるかを相談して決めます。適当な大きさの空き箱や段ボール箱等を用意しておくと、取り組みやすいです。

こんなあそびかたも…

ドールハウス以外にも、乗り物やお話の世界の再現など、子どもの興味や関心に応じて、何をつくろうか子どもと一緒に考えていくと、イメージが広がり、友達と一緒にやってみたいという意欲も高まっていきます。作品展などに向けて、クラスの皆でテーマを決めて取り組んでいくのも楽しいです。

困っている子どもには…

どのようにつくっていけばよいのか、具体的なイメージをもつことが難しい子どももいます。保育者も仲間になって一緒に考えたりアイデアを出したりすると、それがきっかけで、考えを思い付いたり何を相談して決めればよいのかが明確になったりしていきます。

イメージ図をもとにつくっていきます。つくり進める中で、「壁の色はどうする?」「住んでいる人のお人形はどうやってつくる?」など、相談しながら決めていきます。必要に応じて保育者は共に考えながら援助しましょう。

友達と一緒につくる過程を楽しめるように、製作途中の作品を置く場所をつくり、翌日もあそびの続きができるようにします。完成作品であそんだり飾ったりすると、楽しさや満足感をさらに味わうことができます。

10 オオカミさん

| 想定年齢 | 3、4歳頃〜 | 実施人数 | 5人〜クラス全員 | 所要時間 | 約20分〜 |

簡単なルールの追いかけっこです。保育者と一緒に歌ったり、オオカミさんの様子をイメージして動いたりします。友達の存在や保育者とのつながりを感じながら、自分なりの動きを出して楽しめるあそびです。

準備するもの **オオカミのお面**

あそびかた

1 広い場所であそぶことができるようにしましょう。保育者は、オオカミのお面を付けます。皆でオオカミさんの歌を歌いながら歩きます。

2 「オオカミさーん　オオカミさーん」と言ったら、保育者は「今、起きたところだよ」と言って起きた真似をします。動き方を工夫すると面白いです。子どもたちは、「あぁよかった」と言って、再び歌を歌って歩きます。

「オオカミさーん　オオカミさーん」の後は、「今、歯磨きをしているところだよ」「今、ズボンを履いたところだよ」など、アレンジを加えていきましょう。慣れてきたら、オオカミさん役を子どもがやっても楽しくあそぶことができます。

オオカミに怖い印象があったり追いかけっこで捕まりたくなかったりして、あそびに参加することを拒む子どももいます。あそびの面白さが分かるまでは保育者や他児があそぶのを見ることができるような環境をつくり、安心して取り組めるようにしていきましょう。

2を何度か繰り返し、保育者が「今から子どもたちを食べに行くところだよ」と言ったら、子どもたちは「キャー!」と言って逃げます。保育者にタッチされたらもう1度はじめから。繰り返し楽しむことができます。

タッチ!

11 ○時にみんなで集まろう（生活のきまりをつくる）

| 想定年齢 | 5、6歳頃〜 | 実施人数 | クラス全員 | 所要時間 | （定着まで）およそ2週間程度〜 |

これまで目安として、クラス全体で「片付け始める時間」を共有していた習慣を、子どもたちの成長に合わせ、「クラス全体で集まる時間」に変更し、片付け始める時間については、子どもたちが主体的に、自分たちで考えられるようにする取組です。

準備するもの **自由に時間を書き込める時計を模した表示用の紙**

あそびかた

1 クラス全体で話合いの場をもち、「あそびによって、早く片付けが済むものと、時間が掛かるものがあること」や、「みんなで決めた時間になっても片付け始めない子がいること」など、クラスの課題を共有します。

2 みんなで改善策のアイデアを出し合います。どの意見も、子どもたちが自分事として捉え、一生懸命考えて出している意見です。保育者はモデルとなって肯定的に受け止め、何でも言える雰囲気をつくります。

クラスの実態を踏まえ、保育者の願いからスタートしてもよいですが、理想としては、子どもたち自身の問題意識や必要感から申し出があり、スタートしたい取組です。最初は1人の気付きからでも、それがクラス全体の課題となるよう展開できるとよいですね。うまくいったら、みんなで大いに喜びましょう。

無理強いはしませんが、話合いの場で進んで発言しない子どもにも配慮し、言葉を引き出したり考えを代弁したりするなど、クラスの仲間として意思表示ができるよう援助します。また、クラス全員に取組が浸透するまでには時間が掛かります。「待つ」援助を心掛けます。

3 出された意見から、「片付け始める時間ではなく、みんなで集まる時間を決めること」「その時間を示した紙を保育室の壁に貼ること」「その時計の針は赤色にすること」など、決めたことをクラス全体で共有します。

うまくいかず、毎日、話合いをもちます。その中で、「外であそぶ子のために外にも時計の紙を貼ったほうがいい」「あそびの数だけ、時計の紙を貼ったほうがいい」など、意見が出ては試すということを繰り返します。

12 おいかけっこなど

保育者との掛け合いが楽しく、「夜中の12時！」がいつ出てくるのかドキドキ・ワクワクのおいかけっこです。広い場所があれば、特に用意するものは必要ありません。

あそびかた

1

子ども：「おおかみさん、今何時？」
保育者：「朝の7時！」
子ども：「ああよかった！」
子ども：「おおかみさん、今何時？」
保育者：「昼の12時！」
子ども：「ああよかった！」

朝の7時！
あ〜よかった！
おおかみさん、今何時？

よ〜な〜か〜の、12時〜！
キャー!!

2

子ども：「おおかみさん、今何時？」
保育者：「よ〜な〜か〜の、12時〜！」

子ども：「きゃ〜！」　＊逃げる

時間帯によっては、ご飯を食べたり、お風呂に入ったり…
追いかけっこだけではなく、生活の中の場面を取り入れることで、ごっこあそびの要素を取り入れても楽しいです。

『おおかみさん　いまなんじ？』　楽しいあそびが絵本になっています。
学研プラス　文　中川ひろたか　絵　山村浩二

困っている子どもには…

おおかみが怖い子や追いかけられることに抵抗がある子には、「ここにいれば大丈夫！」という安全地帯となるような家（場所）を用意したり、おおかみ役も少しかわいい感じにしたりします。保育者と一緒におおかみ役をやるのもオッケーです。

13 ジャンケン鬼ごっこ

| 想定年齢 | 5、6歳頃~ | 実施人数 | 14人程度~クラス全員 | 所要時間 | 約30分~ |

チーム戦の鬼ごっこです。少しルールが複雑ですが、ネコとネズミの助け鬼やしっぽとりのチーム戦など、これまでに楽しんできた鬼あそびの体験を生かして、仲間と一緒に取り組むことができます。自分の力を発揮し、仲間のよさを感じられるあそびです。

準備するもの　**カラー帽子（紅白など、2色に分かれることができるもの）、陣地が分かるように目印を付けるもの（ラインパウダーやカラービニールテープなど）**

あそびかた

1
紅白のチームに分かれて自分のチームの色の帽子を被ります。陣地を決めて、皆で「よーい、スタート!」と言ってゲームを始めます。相手チームの友達と両手を合わせ、「ドン!ジャンケンポイ」でジャンケンをします。

2
勝ったら相手を追いかけ、負けたら相手から逃げます。負けた子は自分の陣地の中まで逃げればセーフです。勝った子は相手が陣地の中に入るまでにタッチできたら、相手を自分の陣地に連れて行くことができます。

こんなあそびかたも…

はじめは、ジャンケンに勝ったら相手を追いかける、負けたら相手から逃げるシンプルなルールであそんでみましょう。慣れてきたら、仲間を助けるルールも入れてあそんでいきます。あそびの面白さを感じながら、ルールを理解できるようにしていくと楽しいです。

困っている子どもには…

ルールの理解が難しい子どもには、保育者と一緒に動いたり、友達の動きを見せたりしながらどのように動けばよいのか分かるように援助していきます。また、困っている友達に気付いて声を掛けたり教えたりする子どももいます。仲間と一緒に取り組もうとする姿を認めていきましょう。

3 捕まった子どもたちは、手をつないで仲間の助けを待ちます。仲間を助けるには、誰にも触れられずに相手の陣地へ行き、「おたすけ!」と言って仲間にタッチします。1人にタッチすれば手をつないだ仲間全員を助けられます。

相手チームを全員捕まえたら勝ちです。子どもの様子に応じて1回のゲームの時間を決めて、捕まっていない人数が多い方が勝ちとしてもよいでしょう。また、陣地の形や大きさ、場所を変えてみるのも楽しいです。**4**

異年齢児との触れ合い

| 想定年齢 | 3〜5歳 | 実施人数 | 約20人〜 | 所要時間 | 約40分 |

異年齢児が関わるあそびでは、どちらも満足できるあそびの時間であるための配慮、工夫が必要です。ここでは、異年齢児が合同で保育を行う遅番の時間を取り上げます。

準備するもの ⟶ **遅番保育室で使用する玩具**

あそびかた

最初の段階では、それぞれが個で深められるあそび（子どもがしたいあそび：今回はブロック）を取り上げていきます。それぞれがあそび始めます。このとき、年少児のあそびに保育者がついて、年長児が集中してあそび込める環境をつくります。

年長児が組み立てていくブロックを見て、テクニックの高さに年少児は驚きます。年長児には自信、年少児には尊敬、憧れの気持ちが芽生えます。

短時間でも関係性がつくれるように、保育者の立ち位置、関わり方は丁寧に寄り添い見守るように意識します。あくまでもあそびの主体は、子どもたちです。思いもかけない展開になることもあるでしょう。あそびや生活を通して異年齢児が触れ合うことで、人間関係を育んでいきましょう。

最初の時期には、異年齢で関わる時間に緊張した表情になる子どもも見られます。無理に関わらなくても大丈夫。子どもが安心してあそべる小さなスペースをつくってみましょう。異年齢で関わりがもちやすいあそびとして、ままごとやお店屋さんごっこは、やり取りを楽しめるので特におすすめです。

年長児は自分のあそびに満足してはじめて年少児のお世話をしたいと感じます。双方に歩み寄りが見られたら、たとえ、年少児がブロックを壊してしまってもきっと大丈夫。

15 交流活動「一緒にあそぼう」（小学生とあそぶ）

| 想定年齢 | 5、6歳頃〜 | 実施人数 | 学年単位（年長・5年生） | 所要時間 | 約45分 |

新学年の生活に慣れた6月頃、年長と5年生で交流活動を行います。会場は小学校とし、ねらいは、年長側が「小学校の施設に慣れ、小学生に親しみや憧れの気持ちをもつ」、5年生が「幼児への親しみの気持ちと高学年としての自覚をもつ」です。

準備するもの **実施計画案、園外保育時の持ち物等**

あそびかた

（10分程度）

まず、体育館にて、5年生の司会で全体集会です。お互いに向き合って、顔合わせをします。校長先生の挨拶の後、代表児童・幼児により、校園名、クラス名等の紹介をします。次に、グループづくりをします。

6人程度で組んだグループごとに、5年生のリードで、（25分程度）「自己紹介」「手あそび」「ふれあいあそび」「長縄跳び」「ジャンケンあそび」などを楽しみます。教員、保育者は、適宜、グループを回ってフォローします。

会の前には、必ず、小学校の教員と打ち合わせをもちます。幼児側、児童側、それぞれのねらいについて確認し、会の構成、役割分担等を、綿密に話し合います。打ち合わせの会場は、小学校がよいでしょう。会場の下見も兼ねることができます。

当日は、緊張や照れから、思うように自分を出せない子もいます。幼児に対しても、児童に対しても、さりげなく、気持ちがほぐれるような言葉を掛けて、フォローしましょう。

3（10分程度）　グループ活動の後は、まとめの全体集会です。向かい合い、1曲ずつ「歌のプレゼント」です。可能であれば、幼児も児童も知っている曲を一緒に歌えるとよいですね。最後に再会を約束して挨拶をし、終了です。

会の後は、後日必ず、教員と保育者による反省会を行います。ねらいに沿って、幼児、児童の姿を振り返り、育ちや学びを確認します。また、互恵性のある交流活動であったか、次回につながる話合いをします。

16 地域の方とともに

想定年齢 5歳頃〜　実施人数 10人〜　所要時間 約40分

園から、または保護者を通して、地域の町会などに声を掛けて、昔あそびを楽しみます。子どもにもできることから一緒に行い、表情がほぐれ、気持ちが通い合ったところで、技術を披露してもらい、コツなどを教えてもらいます。

準備するもの **お手玉（投げこま、めんこ、けん玉、竹馬）**

あそびかた

お手玉　①頭に乗せて落とさないよう歩く。②頭のお手玉をおじぎして、胸の前で受け止める。③背中で受け止める。④向かい合った（1m）2人で胸の前で受け止め合う。⑤上に投げて捕る。⑥手の甲に乗せて上に投げて手のひらで受けて捕る。次に手のひらを下に向けたまま捕る。

実施日が決まったら、1か月程度前に玩具を用意して、まずは手にして触ってあそんでみましょう。

①子どもが頭にお手玉1つ乗せて歩く。
②子どもと大人が対面：
　子：お辞儀をして胸の前で受ける。
　大：今度は大人がする。落ちたら拾ってあげる。

④2人組で胸の前に届くように胸の位置から投げる、受ける。
⑤お手玉を1つずつもって、片手で投げて同じ手で受ける。

投げこま、めんこ、（場所を限定する板を置く）けん玉、竹馬などのコーナーをつくっておいて、得意な人がいれば見せてもらいます。そのイメージが子どもの興味・関心につながるようにと願いながら、お客様に感想のインタビューをします。

最初のあそびとして、頭にお手玉乗せて歩きます。「こんにちは」とお辞儀して胸の前で受け止めることを、保育者と一緒にあちらこちらのお客様のところに行って行うと、楽しくなるでしょう。

⑥手の甲に乗せて投げた玉を手のひら上向きで受ける。
　次に下向きに捕る…互いに向かい合って行う。

1人で2つのお手玉を持って行う技を見せてもらう。
得意な人がいるようなら、お手玉歌など歌いながら、
お手玉を披露してもらって拍手を送る。

17 お家の人とプレイデー

| 想定年齢 | 4、5歳児 | 実施人数 | 全員 | 所要時間 | 約150分 |

「参観ではなく、園で親子一緒にあそぼう」という設定で、各クラスで所持品を置いたら、親子でコーナーを選んで参加します。降園30分前には学年で集まって、お父さんを中心としたいくつかの出し物をみんなで観て、応援します。

準備するもの ▶ **各コーナーの準備、大型紙芝居**

あそびかた

「木工コーナー」 板、角材、ノコギリ、釘を揃えます。金槌は参加したい家庭は持参します。材料をとる場所とつくる場所を分けて、安全に、独り占めせず分け合う気持ちを大切に、つくりたいもの、必要な材料を親子で相談です。でき上がったものは、降園時間まで名前とテーマを書いて門近くに陳列します。

「人間すごろく」 園庭かホールに、スタート・ゴールの表示の間に何も書いていない段ボールボード、「1回休み」「5つすすむ」「ふりだしにもどる」の他に、「親子で好きな歌を歌う」「子どもを抱っこ」などのボードを配置します。保育者と子どもでつくった大型サイコロを振って目数の多い親子からスタートです。

天気がよければ、背の高いお父さんの大縄、地を這うニョロニョロへびの縄なども楽しいです。子どもたちが跳んでクリアしたり、繰り返したりします。いろいろな大人が微笑み掛け、助けてくれる体験が子どもの社会を広げ、大人同士も地域社会をつくるきっかけになるでしょう。

「お父さんがよかった」「お母さんがよかった」などがっかりしている子の保護者もまた困っています。保育者は、今日の設定にはなくても、その子の好きな場所、好きなあそびができるよう誘ってみたり、仲よしの友達のいるコーナーを教えるなど、その子のいつもの幼稚園の様子を知ってもらいましょう。

「紙コップフリスビー」　紙コップ2個を重ねて対角線状に8箇所（4歳児は4箇所でも）ハサミで切り込みを入れます。2個を外してそれぞれ底から1cmのところまで切り込み、次に2つの内側を合わせて、8本（4本）できた突起を何色かのビニールテープで巻いてとめます。これでUFO型フリスビーのでき上がりです。園庭に出て、親子で投げてキャッチしてあそびましょう。少し硬い紙を切る、2つを合わせてテープを巻く、スナップをきかせて投げてキャッチする、いろいろなところに子どもの成長が感じられます。

「大型えほん」　お父さんで、大型絵本の読み聞かせをしてくださる方を前もって募ります。10人以上になったらエントリー終了。降園前、皆が集まったところで、1冊を5人くらいでシェアして読んでもらいます。男性の声で、読み方がいろいろあって、子どもたちの拍手で、お父さんたちもうれしそうです。

18 | 当番活動：当番予約表

想定年齢	5、6歳頃〜	実施人数	数人〜学級全員	所要時間	5〜10分

当番活動が楽しみにできるよう、活動が見える環境をつくることで、子ども自身が考えたり、声を掛け合うきっかけになります。

準備するもの　**画用紙、色画用紙、模造紙など（貼るスペースに合わせた大きさの紙）**

1　子どもと一緒に考えた当番について、誰がいつやるのかを手づくりカレンダーに書き込みます。

今日は
Aちゃんと
Bくんだね

私は明日

2　初めから全部の日に名前が入らなくても大丈夫！当日受付もあります。仲よしの友達同士で予約を入れるのも楽しいですね。1日の人数は仕事内容によって決めます。

予約の少ない日もあります。そんな日は保育者も参加してしまいましょう。保育者が楽しそうに参加することで、周囲の子を巻き込みます。

自由に名前を入れていくとどうしても回数に差が出てきてしまいます。参加しない？参加できない？その理由を考え、その子のペースで参加できる方法を考えるといいですね（あそびのタイミングや当番の仕事内容を工夫する）。全員が参加できたらみんなで喜び合いましょう（次の月への意欲へとつながります）。

 予約が少ない日には、保育者が「今日は先生もやろうかしら。一緒にやってくれる人いない？」と声を掛けて参加する。

今日は先生も手伝うよ！

支援のポイント

「支援のポイント」
①あそびのタイミングを考え、当番の時間を設定する。
②一緒にあそぶメンバーでできるような内容、など。

19 | お話ごっこ

| 想定年齢 | 4〜6歳頃〜 | 実施人数 | 2〜5人程度 | 所要時間 | 約30分〜 |

紙人形を使ったあそびです。保育者や友達と一緒に、紙人形を動かしながら思ったことを言葉にしたり、相手の言葉を受け止めたりしながらやり取りを楽しむ中で、自然とお話が生まれていきます。子どもの思いやイメージを大切に受け止めていきましょう。

準備するもの

塗り絵（動物、お姫様、妖精等、子どもに親しみのあるもの）、白画用紙、クレヨンや色鉛筆、ハサミ、ストロー、セロハンテープ

あそびかた

1 好きな塗り絵を選び、色を塗ります。白画用紙に自分で絵を描いてもよいです。保育者も一緒につくることを楽しみながら、子どものイメージや思いを受け止め、寄り添った言葉掛けをしていきましょう。

2 絵の余白部分をハサミで切ります。子どもの発達に応じて、切り取り線を描いておくとよいでしょう。切り取った絵の裏面にセロハンテープでストローを付けます。これで紙人形の完成です。

色を塗った塗り絵や描いた絵をお面ベルトに付けると、なりきってあそぶことを楽しめます。自分がなりたいものになりきって動いたり話したりすることを楽しみ、保育者や友達とやり取りする中で、お話ごっこが始まることもあります。

自分の思いを表現していくことが難しい幼児には、保育者が一緒にあそびを楽しみながらモデルとなってあそびをリードしたり、親しみのある歌や踊りの音楽を活用したりしてみましょう。保育者の真似をしたり音楽に合わせて人形を動かしたりしてあそぶ中で、自分のイメージも広がっていきます。

思い付いたことを言葉にしながら、保育者や友達と人形を介してやり取りをしたり表現したりする中で楽しいお話が生まれます。探検に出掛けたり、森やお家などに見立てた場をつくったりするのも楽しいです。

5、6歳頃の子どもは、自分たちでつくったお話を発表したいと言って人形劇ごっこへとあそびが発展することがあります。友達とストーリーやイメージを共有しながら、楽しめるようにしていきましょう。

20 平面玉入れ

想定年齢 **3歳頃〜**　実施人数 **10人〜**　所要時間 **約40分**

園やクラスで話題になっているキャラクター、好きな動物など、テーマを決めます。大きな段ボール板の真ん中に穴を開けて大きな口に見立て、その穴（口）に丸めた新聞玉を投げ入れるあそびです。

準備するもの

段ボール板、板を立てかけるポールなど、45ℓゴミ袋、マジックペン、すずらんテープ、ビニールテープ、色画用紙など

あそびかた

ライオンとトラ、お化けAとBなど、みんなが描いた絵から「こんな感じにしよう！」と決めます。保育者が45ℓゴミ袋の入れ口のサイズに合わせて、段ボール板に口（丸でも楕円でも四角でもOK。中心の高さは決めておく）の形を描きます。「目の形は？場所はこの辺り？」と投げ入れたくなる絵を完成させます。

目の形は？

三角！

優しい顔にしたい！

キラキラテープのまつげにしたら？

大体でき上がったところで見せて、「もっと強そうにしたい」「優しい目にしたい」などの意見が出たら、素材のバリエーションを提示します。出ないときは保育者の提案が大事です。「キラキラテープをまつげにしたらどうかしら？」などと話すうちに、みんなのイメージが共有できて描き足したり、付け足したりします。保育者はいよいよ口の形にダンボール板を切り抜きます。

平面玉入れは、クラスで盛り上がったら、クラス対抗で行うとなお楽しくなります。親子でクラス対抗、大人対子どもで距離のハンディキャップを付けて行うのもよいでしょう。投げ入れる大きな口に歯を付けるなど、デフォルメすることで楽しさが増すことでしょう。

分かりやすいみんなの活動では、困っている子に、仲間は力を貸しやすいものです。握力の少ない子が新聞紙を裂いたり丸めたりすることが難しいときに、得意な子に保育者が頼むと、喜んでやってくれるでしょう。少しずつ気付いて助け合う機会になります。

板を立てて、いよいよみんなの玉入れの的ができ上がりです。次に玉をつくります。新聞紙1枚を半分に裂いて（自分でやりたい子、やってあげる必要がある子に配慮します）、1人2つ丸い玉をつくります。保育者は事前につくってみて、テープを巻く量でちょうどよい重さを調整しておきます。色ビニールテープで1周ずつ十文字に巻く提案をしてもよいでしょう。

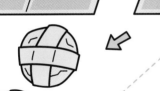

的の手前に50cm刻みに色ビニールテープでラインを引きます。どのラインから投げてもよいこと、ラインから出ないようにすることがルールです。投げるラインを変えれば、一人ひとり自分のチャレンジができます。言葉の壁も問題ありません。子ども同士で互いのチャレンジを応援できることがクラスメイトのよい関係を育てます。

共に育つ

column

保育を通してつながりを

②

　体に障害のある人、聞く器官の障害、見る器官の障害、知的発達に障害のある人、情緒に障害のある人、自閉症スペクトラム、ＡＤＨＤ、ＬＤ、等々一人ひとり現れる特性も度合いも場面もそれぞれです。一方、定型発達の子どもと言っても、示す興味も性格の特性も様々です。つまり、みんな違うと言って過言ではありません。生まれた場所の違いで、話す言語や習慣もいろいろです。みんな違うけれど、分かり合えるのはとても素敵なことです。そして、それは可能なことです。

　泥水をバケツにつくるのが大好きな、言葉の出ない女児がいました。保育者がそれを微笑んで見ていました。ある日他の子が、小さなバケツに泥水をつくってその女児に「はい」と渡しました。女児は受け取りましたが、ポイと手放します。渡した子は考えます。女児がつくっていた泥水と自分のと見比べて、水を足して混ぜてみます。見ていた先生も両方のバケツの中に手を入れて、「もうちょっとかな？」と力を貸して、その子は女児の泥水に近づけてつくります。そして恐る恐るまた渡すと、女児がニヤリとしてバケツを持って歩き出したとき、声を殺して「やったー」と腕を空に突き上げました。その後、何日も女児の好きな泥水づくりがクラスに広がりました。

　どの子もかけがえない仲間と感じるとき、違いを受け入れ、誰にもあるやむに止まれない心もちを受け止め、交換する対話がそこここに生まれます。他者の喜びを自分のことのように喜び、困っていることにどうすればよいか、経験と心を尽くして考えます。このつながりの中に一人ひとりの主体性が育まれるのです。３歳の頃の「私」がうれしいという「自我」から、「私たち」がうれしいという「私たちの自我」を形成しながら、共に育つ喜びを互いに深く感じ合うのでしょう。そして、それを見守る保護者も保育者もまた、共に育つのです。

接続期で
「人と関わる力を育てる」

幼児教育と小学校教育の接続の必要性と基本的な考え方

1 幼児教育と小学校教育の接続（以下、幼小接続）の必要性

　人は生まれたときから発達や学びが始まり、生涯にわたって続きます。現行の幼稚園教育要領、保育所保育指針、幼保連携型認定こども園教育・保育要領と学習指導要領では、**0歳から18歳を見通して**、育成を目指す「資質・能力」(P.003参照)を育み続けていくことが示されています。心身の発達の段階に応じて、学校段階等により学ぶ内容や方法は変わりますが、**一人ひとりの発達や学びをつないでいく**ことが求められています。

　次に挙げるのは、4月初旬、ある小学校のスタートカリキュラムにおけるエピソードです。一人ひとりが安心感をもち、新しい人間関係を築いていくことをねらいとして、1年生全員が校庭で自由に遊ぶ時間です。先生が朝礼台のところで旗を持つと、教室に入る合図です。

> 　5人の児童が、校舎の裏側でダンゴムシ探しを始めました。初めて出会う友達もいる様子で、互いに自分の名前を言いながらダンゴムシを探しています。しばらく経つと1人の子が「そろそろ集まりかも。見てくる」と言って校庭に行き、「大変、もう旗が立ってる！」と走って帰ってきました。子どもたちは口々に「大変」「急ごう」「また明日やろうね」などと言いながら、朝礼台に走っていき、それぞれ自分のクラスの場所に並びました。

　みなさんはこの姿をどのように感じるでしょうか。環境を通して行う幼児教育の中で、主体となって園生活を過ごす5歳児の姿と重なります。それを小学校生活の始まりの時期に発揮できるように、スタートカリキュラムが工夫され実践されていることが分かります。幼小接続の推進により、**小学校1年生が「0からのスタート」ではなく、園生活で身に付けてきた力を発揮し、小学校の生活や学習に主体的に取り組んでいく姿**の一端を見ることができます。

2 幼小接続の基本的な考え方

　幼小接続は、幼児教育側が小学校教育を先取りして行うものではなく、小学校教育側が始まりの時期に遊ぶ時間をとればよいというものでもありません。**互いの教育を理解したうえで、それぞれの時期にふさわしい教育を充実**させ、幼児教育から小学校教育に移行する時期を一緒に考え、実践していくことが大切です。

1 「連携」を進め「接続」の実現を図る

　幼児教育と小学校教育の「接続」とは、**幼児教育と小学校教育の内容や方法、カリキュラム等の＜教育＞がつながる**ことを意味します。そのために重要なのが、幼児教育施設と小学校の「連携」です。「**連携**」とは保育や授業の相互参観、保育者と小学校教員（以下、先生）の合同の研修会、幼児と児童の交流活動を行うなど、**＜施設、組織、人など＞がつながる**ことを意味します。こうした「連携」を通して、先生方が互いの教育を知って理解を深め、**幼児期から児童期への長期的な視点**をもって子どもたちの育ちを捉え共有することが大切です。そのための１つのツールが「**幼児期の終わりまでに育ってほしい姿**」です。示されている10の項目を視点にしながら、各園の５歳児の姿や学び、幼児教育での環境の構成や保育者の援助等、また１年生の姿や指導を具体的に伝え合うなど、**一層の活用**が求められています。

2 幼保小の「架け橋期」

　令和４年３月に「幼児教育と小学校教育の架け橋特別委員会」（中央教育審議会初等中等教育分科会の下に設置）において審議経過報告が取りまとめられ、「**幼保小の架け橋プログラムの実施**」が示されました。このプログラムは、子どもに関わる大人が立場を越えて連携し、架け橋期にふさわしい主体的・対話的で深い学びの実現を図り、一人ひとりの多様性に配慮した上で全ての子どもに学びや生活の基盤を育むことを目指すものとされています。

　「架け橋期」については次のように述べられています。「義務教育開始前となる５歳児は、それまでの経験を生かしながら新たな課題を発見し、新しい方法を考えたり試したりして実現しようとしていく時期です。また、義務教育の初年度となる小学校１年生は、自分の好きなことや得意なことが分かってくる中で、それ以降の学びや生活へと発展していく力を身に付ける時期です。このように、義務教育開始前後の５歳児から小学校１年生の２年間は、生涯にわたる学びや生活の基盤をつくるために重要な時期であり、『架け橋期』と呼ぶことにしました」。

　０歳から18歳を見通した学びの連続性の中で「架け橋期」を一体として捉え、幼小接続を一層推進していくことが子どもの教育・保育に携わる関係者に求められています。

文科省資料QRコード　https://www.mext.go.jp/a_menu/shotou/youchien/1258019_00002.htm

※QRコードは株式会社デンソーウェーブの登録商標です

［引用・参考文献］
・文部科学省（2022）「幼保小の架け橋プログラムの実施に向けての手引き（初版）」
・文部科学省・国立教育政策研究所教育課程研究センター［編著］（2018）
　「発達や学びをつなぐスタートカリキュラム　スタートカリキュラム導入・実践の手引き」

幼児教育施設における人との関わり

1 5歳児の人との関わり

　幼児の友達との関わりは、保育者との信頼関係を基盤にしながら少しずつ広がり、5歳児頃になると、より一層深まっていきます。友達と一緒に遊び、生活する中で、思いや考えを伝え合って一緒に活動する楽しさや、試行錯誤の末に共通目的が実現する喜び、ときには自己主張のぶつかり合いによる葛藤体験などを味わいながら、協同して遊ぶようになり、人と関わる力を養っていきます。

①協同的な遊び

　幼児が協同して遊ぶようになるためには、意図的・計画的に保育を展開することが必要です。突然、クラス全員での活動や大人数でのグループ活動などを計画しても、それまでの経験の積み重ねがなく、発達の段階に合っていなければ、幼児にとっては負担となるだけです。ですから、実態をつぶさに捉えて、その実態に応じて適切にねらいを定め、活動を設定したり環境を構成したりすることが必要になってきます。

　例えば、年長学年になると、大型の積み木が環境の1つとして構成され、幼児同士が誘い合って遊ぶ姿は、よく見られる光景です。大型の積み木は1人で持つことは困難ですから、必然的に2人で持ち運ぶことになり、「○○ちゃん、一緒にもって」「○○君、手を離すよ。いい？」といった会話や、相手の動きに関心を寄せる行動などが生まれます。大型の積み木で家をつくる遊びになったとしたら、「どのような家にするか」「どの場所にどの積み木を使うとよいか」など、自分の意見を言ったり、相手の意見に耳を傾けたりするやり取りが生まれます。

　また、クラス全体で取り組む活動では、5月頃には、3人程度のグループで、1つのこいのぼりを製作したり、砂場で1つの大きな山をつくったりする活動を設定することもあります。冬頃には、6人程度のグループで、劇遊びやペープサートなどの表現遊びに取り組む活動を設定することもあります。このような取組では、共通の目的に向かって、友達と力を合わせる楽しさを味わう体験をすると同時に、自分の意見が通らず葛藤する体験や、折り合いを付けながら活動を進める体験などもしていきます。3月頃には、修了・卒園を控えて、クラス全員で共

通の目的を共有し、役割分担をして、お楽しみの会を計画することもあります。

　ここで留意したいのが、これらの遊びや活動が幼児にとって主体的な取組になっているかという点と、その構成メンバーが「一緒に遊びたい幼児同士」なのか「保育者が意図的に組んだグループ」なのか、人数は3人程度なのか6人程度なのかクラス全員なのか…といった条件によって、幼児が経験する内容が全く異なってくるという点を押さえることです。実態に応じて、段階を踏み、多様な経験をしながら、協同性を育む保育を行っていくことが大切です。

✦ ②多様な人との関わり

　最近の幼児は、地域の中で、異年齢の子どもと遊んだり、働く人や高齢者と触れ合ったりする機会が少なくなっています。幅広い人との関わりは、幼児の心を揺り動かす豊かな体験となり、人と関わる力を育てる上でとても重要です。

　例えば、自分より年少の子どもとの関わりにおいては、幼児は、思いやりをもって接しようとしたり、同年齢の友達に対してとは違う言葉を選んで分かりやすく話そうとしたりする姿が見られます。地域の商店へ買い物に出掛けたり、高齢者施設を訪問したりすることもあります。触れ合いや交流を通して、地域の中で温かく見守られていることを感じて安心したり、相手が笑顔になり、「今日は来てくれてありがとう」「楽しかったよ」といった言葉を掛けられ、人の役に立つ喜びや、自分という存在がいいものだと感じる体験をしたりします。

　これらは、同年齢の幼児との関わりや園内の生活だけでは、得難い体験です。このような体験を生み出すために、保育者は、日頃から、幼児の生活を広い視野で捉えることが大切です。

✦ ③5歳児の人との関わりで留意したいこと

　最後に、「5歳児になったから〇〇をしなくてはならない」であるとか、「5歳児のこの時期には〇〇の活動を取り入れなくてはならない」といった先入観はもたないようにすることが大切であることを確認しておきたいと思います。幼児の発達の道筋は様々です。一人ひとりの幼児の実態や、クラスの実態を的確に捉えて、発達や経験の「これまで」と「これから」を見通して、保育を組み立てることが重要です。

　そして、幼児一人ひとりが、人との関わりを通して、自己を発揮し、自分のよさを実感し、自信をもって行動できるようにすることに留意することを忘れてはなりません。

　また、幼児期における人と関わる力は、その他の様々な力と同様に、遊びや生活を通して一体的に育まれていくものです。自身の保育を振り返る際、「幼児期の終わりまでに育ってほしい姿」を視点とすることは、大変有効です。

2 幼児と児童との交流活動で育まれる人との関わり

　現在、幼児教育と小学校教育の円滑な接続が求められています。その背景には、新１年生の中には、小学校に入学した際、これまでの幼児教育施設での生活と、小学校での生活との違いに直面して戸惑いを感じ、適応することが難しかったり、慣れるまでに時間が掛かったりする子どもがいるという実態があります。この課題に対応するため、スタートカリキュラムの編成・実施や、「幼児期の終わりまでに育ってほしい姿」を手掛かりとした保育者と小学校教員によるそれぞれの教育内容や子どもの学び・育ちについての相互理解などが図られています。

　保育者には、幼児が「小学校に入学することを楽しみに思う気持ち」や、「児童への憧れの気持ち」などを抱くことができるよう、幼児の発達や適時性を考慮しながら、保育を工夫することが求められます。その工夫の１つとして、幼児と児童との交流の機会を設け、連携を図ることは、とても有効な方法です。そして、その交流を通して、園内の生活だけでは叶わない、人と関わる力を育む豊かな体験を得ることができます。

✦ ①幼児にとっての意義

　例えば、４月頃、５歳児が進級してしばらく経ち、生活が落ち着いてきた際に、近隣の小学校に出向き、校庭を散歩させてもらいに行く活動を設定することがあります。事前に小学校と打ち合わせていた通り、１年生がテラスで出迎えてくれ、「いらっしゃい」と声を掛けてくれます。ただ校庭を歩いて回るだけですが、幼児は校舎を見て、あるいは校庭を見渡して「わあ！大きい！」「広い！」と興奮して驚きの声を上げます。１年生の優しい出迎えに、うれしそうな表情を見せます。ほんの15分程の活動ですが、「小学校という施設を知る」「小学校に興味・関心をもつ」「優しい児童がいることを知る」といった経験ができます。

　５〜６月頃には、５年生と一緒に遊ぶ活動を設定することもあります。５年生は、５歳児が１年生になったときの最高学年６年生です。広い体育館で顔合わせをした後、グループに分かれて、長縄跳びをしたり、触れ合い遊びをしたりします。最初は緊張気味だった幼児も、しだいに心がほぐれて笑顔になっていきます。30分程の活動が終わる頃には、お互いの名前を呼び合うようになっています。最後はまた、全体で集まって、お互いに歌を披露します。この活動では、「頼りになる５年生がいることを知る」「５年生は優しくて、一緒に遊ぶととても楽しいことを知る」「５年生の歌の素晴らしさに感動する」といった経験ができるでしょう。

　秋頃には、「〇〇小学校まつり」などの行事に招待されることもあります。前回交流した５年生の案内で、グループに分かれて、校舎内の様々な教室に設定された遊び場を巡ります。工夫

を凝らした各コーナーに興味津々の幼児たちは、5年生と一緒に夢中になって遊びます。途中、トイレに行きたくなったら、5年生がちゃんと連れていってくれます。活動後、園に帰ってからは、幼児から「小学校のお兄さん、お姉さんたち、すごかった！」「私たちもおまつりやってみたい！」といった声も上がります。この活動では、「小学校の施設に慣れる」「5年生への親しみの気持ちを深める」「児童へ憧れの気持ちをもつ」「経験したことを自分たちもやってみようとする気持ちをもつ」などの経験ができるでしょう。

2月頃には、小学校での授業体験や給食体験を計画することもあります。また、オンラインや動画での交流で、児童が小学校の紹介をしてくれることもあります。このような活動では、幼児がお礼の手紙を返すこともありますが、そこには「早く小学校に行きたくなりました」「小学校のことを教えてくれてうれしかったです」「心配な気持ちが小さくなりました」などの言葉が書かれます。「小学校入学を楽しみに思う」ことや「1年生になる期待を高める」などの経験になっていると言えます。

✦ ②児童にとっての意義

幼児と児童との交流活動は、幼児にのみメリットがあるものであってはなりません。幼児と児童の双方に学びや成長の機会がある、互恵性のあるものであることが大切です。

児童側の視点で、ここで紹介した例を捉えてみると、4月の交流活動の例では、小学校にやってきた5歳児を見て、1年生が「自分の成長を実感する」経験ができるでしょう。

5～6月頃の例では、5年生が、「高学年になったことを自覚する」「最高学年になったときのことを想像し、期待感をもつ」「自分より年少の子どもと接し、思いやりやいたわりの気持ちをもつ」といった経験ができるでしょう。

秋頃の例では、5～6月頃の経験がより一層深まるでしょう。それに加えて、校内の案内をリードしたり、各コーナーでの運営を頑張ることから、「自分に任された役割を、責任感をもってやり遂げる」といった経験もできるでしょう。2月の例では、5歳児からのお礼の手紙を読んで、「自らの成長に気付く」「自己肯定感を高める」といった経験ができるでしょう。

✦ ③交流活動で留意したいこと

ここで紹介した例のように、交流活動を充実させることは、幼児教育と小学校教育の円滑な接続につながります。また、人と関わる力を育むことにもつながります。

幼児と児童の双方に学びや成長が望める互恵性がある交流活動となるよう、保育者と小学校の教員が、事前の計画、事後の振り返りなど、連携を密にすることが大切です。

1 相互参観や合同研修で教職員の共通理解を図る

　幼小連携を充実させるポイントは、保育者と小学校の教員とが連携を密にすることです。交流活動を実施するときにも、事前の計画、事後の振り返りと、綿密な打合せをもつことが欠かせません。交流活動の打合せの機会のほか、お互いに保育参観・授業参観の場をもったり、合同の研修会をもったりすることが、幼児理解、児童理解を深めることや、お互いの教育内容を共通理解することにつながります。

1 相互参観の有効性

　まずは、お互いの現場に足を運ぶことが、何よりの相互理解、共通理解の近道です。

　子どもの発達や学びは連続しており、小学校に入学したからといって、突然違った存在になるわけではありません。保育者は「幼児が小学校に入学して、どのように学び、育っていくのか」について理解を深める必要がありますし、小学校の教員は「これまで、幼児がどのように学び、育ってきたのか」について理解を深める必要があります。そのためには、実際の幼児、児童の姿、そして指導の実際を見ることが最も重要です。

　例えば、保育者が、４月のスタートカリキュラムの様子を見に、１年生の教室に行くことは大変意味があります。３月に巣立っていった幼児が、小学校の配慮により、いわゆる「安心をつくる時間」において、机について学習をするのではなく、幼児教育施設で親しんでいた手遊びやゲームを楽しむ時間を保障してくれていたとします。保育者はとても安心します。そして、後日、そのことについて、小学校の教員に「あのような指導をしてくれていて、大変ありがたい。子どもたちがスムーズに小学校生活に適応できている」とフィードバックすることで、小学校の教員も「この指導の方向性でいいのだな」と自らの指導を評価することができます。

　逆に、小学校の教員が、２〜３月頃の５歳児の保育室を訪れることも、大変意味があります。就学を見据えて、意図的に環境を構成している保育室を見ることは、１年生の教室環境をどのように構成すればよいか考えるヒントになるはずです。

2 合同研修の有効性

　例えば、「規範意識」「生活習慣」「食育」「健康な体づくり」など、共通のテーマを設けて、合同

の研修会を開き、保育者、小学校の教員のそれぞれの立場から意見交換を行うことは、発達や学びの連続性を考えることや、幼児理解、児童理解を深めることにつながります。

その際、ぜひ、「幼児期の終わりまでに育ってほしい姿」を手掛かりに、話をしたいものです。幼児教育施設と小学校では、子どもの生活や教育方法が異なるため、「幼児期の終わりまでに育ってほしい姿」からイメージする子どもの姿にも違いが生じるかもしれませんが、それこそ、それぞれの立場から意見を交わすよい機会です。子どもの姿を共有できるよう、十分に話し合いたいものです。また、近隣同士の幼児教育施設と小学校とが、合同で長期の研究を進めることが実現できたら理想的です。

❷ 大人同士が親しみ、その関係が子どもたちにも伝わっていく

交流活動や、相互参観、合同研修会などを計画し、実施するには、保育者と小学校の教員との連携が不可欠です。管理職同士、主幹や主任などのミドルリーダー同士、連携の担当者同士など、それぞれの立場で、連携するために必要な事項が異なるはずですが、特に、連携の担当者同士のやり取りが重要になってきます。

連携を充実させる上で重要なのは、「互恵性」と「継続性」です。幼児にも児童にも学びや成長の機会があることが大切ですし、継続は、人と人との「つながり」や「深まり」をもたらします。せっかくの交流活動や相互参観も、単発では、人と人との「つながり」や「深まり」は生まれません。ですから、計画がとても大切になってきます。前年度末に、次年度の連携の年間計画を立案できるとよいでしょう。

そして、その計画には、活動のみでなく、必ず、事前の打合せと事後の振り返りの機会も明示しておきます。事前の打合せや事後の振り返りを重ねることで、連携の担当者同士はもちろんのこと、交流する該当学年の保育者・教員同士が会する機会が増え、「ああ、あの先生はこういう点をねらいたいんだな」であるとか、「あの先生は、子どもにこういう経験をさせたいんだな」といったように、お互いが考えていることや、大事にしていることを共有することにつながります。次第に、お互いの距離が縮まっていき、遠慮なく意見を交わせる関係性ができてくるでしょう。そうなると、交流活動などにおいては、当日に急な変更などが生じても、その場で保育者と小学校の教員とで話し合い、臨機応変に対応できるようになるでしょう。そのような姿は、必ず、子どもも見ているはずです。大人同士の関わりが、子ども同士の関わりにもよい影響を及ぼすことでしょう。

幼小連携を通して、子ども同士がつながり、大人同士もつながる。このようなサイクルを生み出せたらよいですね。

4 小学校生活で育まれる人との関わり

1 スタートカリキュラムで育まれる人との関わり

　小学校では、子どもたちが安心して小学校生活をスタートできるように、幼稚園・保育所等の生活に近い活動を取り入れ、子どもの思いや願いから学習が始まるように配慮しています。ここでは、ある小学校の例を挙げながら紹介します。

1 友達との関わりを生む教室環境の設定

　従来は全ての机を前の黒板のほうに向け、上の学年と同じ机の配置にしていましたが、学級の実態にもよりますが、入学して1か月から3か月ぐらいまでは、朝の時間などに4人の机を向かい合わせてグループでの活動を行っています。こうすると自然と会話が生まれ、友達との関わりが増えます。また、教室後方にござを敷いたスペースをつくり、カルタや各園で親しんだけん玉、塗り絵、折り紙、絵本などの遊び道具を配置して、関わりが広がるようにしています。同じ幼稚園・保育所出身の友達がいない子も少なくありません。「友達ができるかな」と不安になっている子も少なからずいます。そこで、近隣の保育所・幼稚園の先生方と、相互参観や子どもの遊びについて意見交換の場をもち、それを活かした教室環境の改善をしています。

2 知りたい気持ちを活かした学校たんけん（生活科）

　これまでの学校探検は、2年生からの誘いを受けて、連れて行ってもらうことから始めていましたが、スタートカリキュラムでは、入学3日目くらいに、「どんな部屋があるんだろう」「上の階も見てみたいな」といった1年生の自然な思いを活かして、まず、1年生だけで校内をまわります。そして、分からないことを2年生、6年生、教職員にインタビューして調べ、深めていく形に改めました。このような、知りたい気持ちを活かした学校探検で、友達、上級生、学校の職員といった人との関わりが広がり、受け身ではない自発的な学びを展開していきます。

3 自発的な学びへの変化を促す時間の設定

　スタートカリキュラムでは、次のような時間の区切りを設定しています。
○「にこにこタイム」：登校後、好きな遊びを選択して取り組む時間
○「なかよしタイム」：ダンスや歌で心と体をほぐし、学校生活に慣れるための時間

○「わくわくタイム」：生活科を中心に、他教科と関連付けて合科的に行う時間

○「しんけんタイム」：教科に関する学習や集団で集中させる時間

「にこにこタイム」では、子どもたち同士、一緒に遊んだり、教えてもらったりしながら、自然に友達との関わりを広げていき、それによって教室が安心できる場所になります。そして、「なかよしタイム」で楽しみながら心や体をほぐして、表現することへの抵抗感をなくし、幼児教育と直結する「わくわくタイム」と教科の学習につながる「しんけんタイム」で、教師が意図的に準備した遊びを通して、子どもたちが自然に課題を見付け、教科カリキュラムの学習に発展させていきます。例えば、1年生の算数の学習で「かたち遊び」があります。積み木などで遊ぶ中で、○や△や□などの形があることに気付きます。入学当初は、「にこにこタイム」「なかよしタイム」の比重が大きいのですが、週ごとに徐々に「わくわくタイム」「しんけんタイム」を多くしていき、5月初旬頃までに緩やかに移行させています。

2 6年間で育まれる人との関わり

小学校教員が目指しているのは、学習や学校行事の中で、一人ひとりが思いをもって、学級・学年の友達と協力しながら学習や行事の目標の実現に向かって主体的に取り組む子どもの姿です。様々な教育活動の中で子どもが積極的に他者と関わり合いながら、自分たちで学校生活をよりよくしていこうとする姿を例に挙げます。

1 総合的な学習の時間

■「幼稚園の先生にチャレンジ」（5年）

A小学校は、小学校に幼稚園が併設されています。幼稚園と連携・接続しやすい環境にあり、5年生で「幼稚園の先生にチャレンジ」という学習を行っています。これは、簡単に言うと、子どもたちが幼稚園の先生になって、園児たちを遊ばせるという活動です。

（ア）情報収集

まず、子どもたちがやらなければいけないことは、どんな遊びがよいか考えることです。先生として幼稚園の子どもたちを遊ばせなければなりません。そこには、学びや楽しさがなければ園児たちはすぐ飽きてしまいます。そこで、5歳児ではどんな遊びが流行っているのか、どんなことができるのか、幼稚園の先生は、どんな遊びで何を学べるようにしているのか、3歳児、4歳児、5歳児はどんな特徴をもっているのかなどの情報収集を行いました。

a　幼稚園の先生にインタビュー

忙しい中、自分たちに時間を割いてくれることを伝えると、必然的に、「何時頃がいいか、聞

きにいかないと」「インタビューする内容は、きちんと考えて」「インタビューの分担もあらかじめ決めよう」とグループごとに話が上がってきます。もちろん、1つのことが解決すると、また新たな疑問も生まれてきます。子どもたちは、とことん情報収集に励みます。

b　子どもたちや幼稚園の観察

　休み時間など時間があったら幼稚園に顔を出し、子どもたちに声を掛けたり、遊んだりしていました。好きなアニメのキャラクターやお笑い芸人など、幼児が好きなものをリサーチしていました。

（イ）企画書を書く

　情報収集が終わったら、遊びの企画書を書き始めました。どんな遊びなのか、どんなルールなのか、どんな学びがあるのか、図なども書き加えました。幼児の興味が高まるように、遊びのネーミングまでこだわっていました。

（ウ）幼稚園の先生にプレゼンテーション

　実際に企画書を書き終えたら、担当の幼稚園の先生のところに行き、プレゼンテーションをしました。一回で合格したグループはなく、細かいところまで指導され、その都度、企画書を書き直していました。例えば、ボールを使う場合、どんなボールを使うのか、大きさ、素材などについて考えないといけません。何度も直して最終的に通った企画書を見て、子どもたちは本当に喜んでいました。

（エ）遊びの準備とリハーサル

　遊びの準備をしているときは、本当に楽しそうでした。幼児役になって試し、遊んでいるときのことを想像して、「もっとこうしたほうがいいんじゃない？」とアイデアを出し合い、楽しんでもらおうと張り切ってつくっていました。

（オ）幼稚園の先生：本番

　最初のインタビューのときに聞いた、幼稚園の先生として心掛けること「笑顔」「優しく」「丁寧に」を意識しながら、子どもたちは先生になりきっていました。

　5歳児から、「楽しかった！」「もっと遊びたい！」の声が聞こえ、5年生たちも喜んでいました。また、「もっとこうすればよかった」と反省する声もありました。

（カ）アウトプット（振り返り）

　遊びを考えるときに、子どもたちは、学びがあるか楽しいかの観点で考えました。実際に遊ばせてみてどうだったか、グループで、遊びの動画を見ながら、思考ツールを使って話し合いました。今回の反省を生かして、どのグループも「また幼稚園の先生をやりたい」という感想をもっていました。

2 特別活動〜行事は実行委員を中心に〜

(ア)「自分たちでつくろう宿泊行事」(5・6年)

　宿泊学習の実行委員は、宿泊の約1か月前から動き始めます。宿泊行事を企画したいと強い意志をもった子どもたちによって実行委員が発足します。最初は、教員も話合いに入りながらアドバイスをします。また当日までの見通しをもたせ、計画的にできるようにサポートをするのも大切です。

　宿泊当日は、出発式を含めて、教師は前に出ません。実行委員が前に立ち、会を進めます。初めての宿泊学習は、とにかく「自分たちで行事をつくる楽しさ」を味わえるようにすることと、ノウハウが分かるようにすることが大事です。「やりたい！」という気持ちがあっても、どうしてよいか分からないからです。6年生の宿泊学習では、5年生での体験を生かし、自分たちで考えられることが増えていきます。

(イ)学年球技大会(6年)

　この活動は、子どもたちの思いから企画されたものです。卒業を控え「みんなと思い出をつくりたい！」との言葉から始まりました。

　この企画を実現するために必要なことは、総合的な学習の時間や様々な行事の経験から分かっています。自分たちで実行委員を募り、企画書を書き、実現するために何が必要か学級でも話合いを重ねました。また、チーム分けや対戦、盛り上がりに偏りが出ないようになど「運動が苦手な子もみんなが楽しめるにはどうすればよいか」もよく考えた球技大会になりました。

　自分たちで協力しながら創り上げた宿泊行事・球技大会での子どもたちの顔は笑顔にあふれ、全員が「達成感」という言葉が本当にふさわしい、いい顔をしていました。

> 　人と関わる力の基礎は、自分が保護者や周囲の人々に温かく見守られているという安心感から生まれる人に対する信頼感をもつこと。さらに、その信頼感に支えられて自分自身の生活を確立していくことによって培われる。(『幼稚園教育要領解説』より)

　以上のように小学校では、保育所や幼稚園の先生との関わりを通して構築された、周りの大人に安心して見守られているという根幹的な部分をしっかり受け継ぎ、小学校生活の様々な場面で人と関わりながら、6年間で大きく豊かな木に成長できるようにしています。

編著者・執筆者／執筆箇所一覧　　　　　　　　　　　　　　　　　所属は令和5年1月現在

編著者　河合優子　聖徳大学
　　　　まえがき／はじめに／第1章Q18、19、26-28／第3章1

執筆者（五十音順）

　　　　内野公恵　文京区立お茶の水女子大学こども園
　　　　第1章Q7、9-12、24／第2章4、5、12、18

　　　　大森真由美　中央区立月島第三小学校
　　　　第3章4

　　　　貞方功太郎　江東区立ちどり幼稚園
　　　　第1章Q20、21／第2章11、15／第3章2、3

　　　　塩谷香　國學院大學
　　　　はじめに／第1章Q1、2、6、8、29、30

　　　　関政子　学校法人八幡学園 やはた幼稚園
　　　　第1章Q13、15-17、22、25／Column①②／第2章16、17、20

　　　　相馬亜希　品川区立御殿山幼稚園
　　　　第2章6-10、13、19

　　　　中島孝子　荒川区立東尾久保育園
　　　　第1章Q3-5、14、23／第2章1-3、14

0〜6歳児「豊かな人間関係をつくる」保育
よくあるギモン30＆アイデア20

2023（令和5）年2月22日　初版第1刷発行

編著者：河合 優子
発行者：錦織圭之介
発行所：株式会社　東洋館出版社
　　　　〒101-0054 東京都千代田区神田錦町2丁目9番1号コンフォール安田ビル2階
　　　　代　表　電話 03-6778-4343　FAX 03-5281-8091
　　　　営業部　電話 03-6778-7278　FAX 03-5281-8092
　　　　振　替　00180-7-96823
　　　　Ｕ Ｒ Ｌ　https://www.toyokan.co.jp
イラスト：osuzudesign（田中小百合）
デザイン：mika
組　版：株式会社明昌堂
印刷・製本：株式会社シナノ

ISBN978-4-491-05113-0
Printed in Japan